ASSÉDIO MORAL NO MUNDO DO TRABALHO

APARECIDO INÁCIO

ASSÉDIO MORAL NO MUNDO DO TRABALHO

Doutrina, Comentários, Jurisprudência e Casos Concretos

Apresentação: Ministra Maria Cristina Irigoyen Peduzzi
Prefácio: Desembargador Marcelo Freire Gonçalves

DIRETOR EDITORIAL:
Marcelo C. Araújo

EDITOR:
Avelino Grassi

COORDENAÇÃO EDITORIAL:
Ana Lúcia de Castro Leite

COPIDESQUE:
Ana Lúcia de Castro Leite

REVISÃO:
Leila Cristina Dinis Fernandes

DIAGRAMAÇÃO:
Junior Santos

CAPA:
Fernanda Barros Palma da Rosa

© Idéias & Letras, 2012

Rua Diana, 592, Conj. 121, 12º andar
Perdizes – São Paulo-SP
CEP 05019-000
Tel. (11) 3675-1319
vendas@ideiaseletras.com.br
www.ideiaseletras.com.br

Dados Internacionais de Catalogação na Publicação (CIP)
(Câmara Brasileira do Livro, SP, Brasil)

Inácio, Aparecido
Assédio moral no mundo do trabalho: doutrina, comentários, jurisprudência e casos concretos / Aparecido Inácio; apresentação Maria Cristina Irigoyen Peduzzi; prefácio Marcelo Freire Gonçalves. – São Paulo, SP: Idéias & Letras, 2012.

Bibliografia.
ISBN 978-85-7698-142-8

1. Ambiente de trabalho 2. Assédio moral 3. Dano moral 4. Medicina do trabalho 5. Direito do trabalho I. Peduzzi, Maria Cristina Irigoyen. II. Gonçalves, Marcelo Freire. III. Título.

12-04291   CDU-34:331.101.37

Índices para catálogo sistemático:

1. Ambiente de trabalho: Assédio moral:
   Direito do trabalho 34:331.101.37
2. Assédio moral: Ambiente do trabalho:
   Direito do trabalho 34:331.101.37

Agradecimentos

A Sueli, Anelize e Gabriela, que souberam compreender os inúmeros momentos de minha ausência na família, em todo este período de minha carreira profissional.

Aos meus professores, essenciais na minha formação e aos colegas de minha equipe.

Ao Moacir, meu amigo de longa data, e a todos aqueles que me incentivam a seguir em frente.

"E foi assim que o operário
Do edifício em construção
Que sempre dizia 'sim'
Começou a dizer 'não'."

Trecho do livro *O Operário em Construção*,
de Vinicius de Moraes

DECLARAÇÃO UNIVERSAL DOS DIREITOS HUMANOS

ONU – Assembleia Geral das Nações Unidas, em 10 de dezembro de 1948

Artigo I

Todas as pessoas nascem livres e iguais em dignidade e direitos. São dotadas de razão e consciência e devem agir em relação umas às outras com espírito de fraternidade.

Artigo II

Toda pessoa tem capacidade para gozar os direitos e as liberdades estabelecidos nesta Declaração, sem distinção de qualquer espécie, seja de raça, cor, sexo, língua, religião, opinião política ou de outra natureza, origem nacional ou social, riqueza, nascimento, ou qualquer outra condição.

APRESENTAÇÃO

Conheço de longa data o ilustre advogado Aparecido Inácio, autor de estudo sobre o tema Assédio Moral. É um prazer apresentá-lo, referindo sua biografia marcada pela dedicação ao Direito do Trabalho na condição de advogado.

Nascido em Pirapozinho, na região de Presidente Prudente, o autor, que é casado e pai de duas filhas, graduou-se pela Faculdade de Direito da Instituição Toledo de Ensino de Presidente Prudente, em 1988. Sua carreira consolidou-se na cidade de São Paulo, onde, há mais de vinte anos, é um dos sócios fundadores do escritório Aparecido Inácio e Pereira Advogados Associados.

A dedicada atuação profissional de Aparecido Inácio, que se concentra na prestação de assessoria jurídica a entidades sindicais de trabalhadores públicos e da iniciativa privada, tem sido coroada com o reconhecimento de sua seriedade e retidão. O autor é membro da Associação Brasileira dos Advogados Trabalhistas – ABRAT e da Associação dos Advogados Trabalhistas de São Paulo (AAT/SP), tendo sido diretor de ambas as Associações na gestão de 1998 a 2002. Além disso, desde 1999, é Relator na 4ª Câmara de Recursos Éticos da OAB-SP, o que demonstra seu compromisso com os valores éticos que regem a advocacia.

O devotamento do autor ao Direito do Trabalho pode ser notado, também, pela maneira com que lida com os conflitos trabalhistas. Ao invés de apenas concentrar sua atuação profissional na composição de conflitos já existentes, também atua preventivamente, buscando evitar o próprio surgimento do conflito entre trabalhadores e empregadores.

A trajetória acadêmica do autor está estreitamente vinculada ao Direito do Trabalho. Especialista em Direito Coletivo do Trabalho na USF – Universidade São Francisco, Aparecido Inácio é professor de Direito na UNIP – Universidade Paulista em São Paulo, onde transmite às novas gerações o conhecimento adquirido em duas décadas de atuação profissional.

Sua preocupação com o ensino, contudo, não se limita ao mundo acadêmico. O autor participou da elaboração de cartilhas sobre temas como assédio moral e sexual, reforma previdenciária e aposentadoria especial, com a finalidade de esclarecer os trabalhadores a respeito de temas tão importantes para a defesa de seus direitos.

Por todas essas qualidades, estou certa de que esta obra, fruto da experiência profissional e acadêmica do autor, será um importante marco para a discussão doutrinária sobre o assédio moral nas relações de trabalho, bem como para que trabalhadores e empregadores possam construir um ambiente harmonioso e próspero para as relações de trabalho.

Maria Cristina Irigoyen Peduzzi
Ministra do Tribunal Superior do Trabalho

PREFÁCIO

O assédio moral, na atualidade, tem sido uma preocupação não só dos operadores do direito, mas também de outros setores da sociedade.

Situação decorrente de fatos de cunho imaterial, o assédio moral traz à vítima sequelas sociais que perduram ao longo da vida e não pode ser objeto de mercantilização. Eis a necessidade de debruçar-se sobre o tema na busca de soluções efetivas de recuperação do trabalhador para o retorno à vida social.

O Doutor e Professor Aparecido Inácio, com sua experiência profissional e didática diferenciada na exposição da matéria, oferta trabalho apto a despertar a atenção não só do segmento jurídico, mas também de leitores de todos os outros segmentos, para o problema.

Portanto, o presente livro consiste no depoimento de um operador do Direito esforçado em atender ao grande público que tem interesse nesta relevante matéria da atualidade.

Marcelo Freire Gonçalves
Desembargador Federal do Trabalho

INTRODUÇÃO

O que é o assédio moral?

Esse delicado tema vem sendo debatido a cada dia mais no campo do direito do trabalho e ganha corpo na jurisprudência de nossos Tribunais.

Segundo a **OIT – Organização Internacional do Trabalho**, assédio moral é a *exposição dos trabalhadores a situações humilhantes e constrangedoras*.

A **OIT** chegou a essa conclusão porque esse é um tipo de violência que ocorre no mundo do trabalho e que aumentou em todo o mundo. Em alguns países o assédio moral no trabalho alcançou níveis de uma verdadeira epidemia. Em 1996 na Europa, foram constatados mais de 12 milhões de vítimas.[1]

A **OIT** apurou que práticas como a intimidação, a perturbação sistemática e as ameaças partem também de companheiros psicologicamente instáveis, gerando inclusive suicídios.[2]

---

[1] Isso mostra que o problema não é exclusivamente brasileiro. A Organização Internacional do Trabalho (OIT), em pesquisa realizada em 1996, detectou que 12 milhões de trabalhadores na União Europeia já viveram situações humilhantes no trabalho que acarretaram distúrbios de saúde mental. No Brasil, pesquisa pioneira realizada pela médica do trabalho Margarida Barreto, em sua tese de mestrado, **constatou** que 42% dos trabalhadores entrevistados foram vítimas de assédio moral nas empresas.

[2] Sobre assédio moral no mundo do trabalho, veja mais detalhes na Cartilha elaborada por Wagner Advogados Associados em parceria com Aparecido Inácio e Pereira Advogados Associados, disponível no site: <http://www.inacioepereira.com.br/publicacao/CartilhaAssedioMoral.pdf>.

Segundo pesquisa coordenada por Bruce L. Katcher, psicólogo organizacional, e Adam Snyder, especialista em comunicação, autores do livro "*Por que as pessoas odeiam seus chefes?*", entre os 50 mil funcionários das 65 organizações que eles entrevistaram:
* 46% dos entrevistados acreditam que são tratados de forma desrespeitosa pela gerência;
* 38% acham que o trabalho não proporciona uma forte sensação de realização pessoal. Esse é o mesmo percentual também dos entrevistados que não se sente comprometido com a sua empresa.[3]

Estudos da **OIT** ainda advertem que os custos[4] do assédio moral no trabalho são enormes e podem provocar perdas milionárias devido a causas como o absenteísmo (faltas injustificadas e reiteradas ao trabalho), as doenças profissionais e os acidentes no trabalho.

As perdas não atingem apenas as empresas em razão do crescente número de licenças médicas, mas estudos pesquisados descrevem ainda o crescimento dos custos governamentais com os encargos previdenciários (licenças saúde e auxílios acidentários), onerando assim os cofres públicos, especialmente do combalido INSS, que arca com o pagamento das pensões e afastamentos previdenciários.

Esse estudo da OIT foi realizado por Vittorio Di Martino, especialista internacional em problemas de estresse e violência no trabalho, e por Duncan Chappell, ex-presidente da Revista de Saúde Mental de New South Wales, na Austrália, e do Tribunal Arbitral do Commonwealth, no Reino Unido.[5]

---

[3] *Por que as pessoas odeiam seus chefes*, de Bruce L. Katcher com Adam Snyder, Ed. Sextante, RJ, 2010.

[4] Cf. pesquisa de Robson Zanetti, citado adiante, neste livro.

[5] Cf. <http://www.observatoriosocial.org.br/portal/index.php?option=content&task=view&id=837&Itemid=119>.

Por isso, se não for prevenido, o assédio moral **ofende** a dignidade ou integridade física do trabalhador.

Por outro lado, é muito difícil provar o assédio moral, dado o caráter subjetivo do mesmo e as circunstâncias em que ocorre, onde geralmente a vítima e o assediador se encontram isolados – a quatro paredes e separados do grupo, longe de testemunhas.[6]

Pretendo mostrar neste livro as causas e as consequências do assédio moral como sinônimo de humilhação.

Abordarei também as modalidades de assédio moral: o individual e o coletivo; quem é e quais são os objetivos do assediador, suas atitudes comuns; o assédio moral visto pelo TST e os custos do assédio, tudo exemplificado com inúmeros casos concretos, depoimentos; como provar e evitar o assédio, e farta jurisprudência e casos concretos que vivi pessoalmente em meu tempo de advocacia.

---

[6] Sobre "A prova do dano moral trabalhista", cf. o artigo de Jorge Pinheiro Castelo, na *Revista do Advogado* (AASP) n. 66, de junho/2002, p 53ss. Nessa mesma revista, o saudoso João José Sady também apontou "O problema da dor no Direito do Trabalho", p. 48ss.

PARTE I

CAUSAS E CONSEQUÊNCIAS DO ASSÉDIO MORAL

- Assédio moral: sinônimo de humilhação
- Assédio moral individual
- Assédio moral coletivo
- Quem é e quais são os objetivos do assediador
- Atitudes comuns do assediador
- Chicotes, ofensas e ameaças. O assédio moral visto pelo TST
- Consequências do assédio moral no trabalho

A nossa Constituição Federal estabelece em seu artigo 1º o princípio da proteção à dignidade da pessoa humana:
Constituição Federal do Brasil:
Art. 1º – A República Federativa do Brasil, formada pela união indissolúvel dos Estados e Municípios e do Distrito Federal, constitui-se em Estado Democrático de Direito e tem como fundamentos:
(...)
III – a dignidade da pessoa humana.

Assédio moral: sinônimo de humilhação

O *assédio moral*, também denominado "mobbing" ou "**terror psicológico**"[1] – conforme definições da psicóloga francesa Marie-France Hirigoyen[2] –, é o termo usado para definir a violência pessoal, moral e psicológica no trabalho.

A palavra *assédio* vem do latim *obsidere*, que tem o significado de *"pôr-se adiante, sitiar, atacar"*. Na língua portuguesa, assédio significa *"insistência inoportuna"* junto de alguém, com perguntas, propostas, pretensões ou outra forma de abordagem forçada.

O **assédio moral se caracteriza como uma ofensa, uma agressão que ocorre de maneira repetitiva e prolongada**, durante o horário de trabalho e no exercício de suas funções, transformando o local de trabalho num "lugar hostil e de tortura psicológica"[3] e que gera um dano à personalidade.

E o assédio moral causa o dano moral. O professor Mauro Cesar Martins de Souza adverte:

---

[1] GUEDES, Márcia Novaes. *Terror Psicológico no Trabalho*, São Paulo, Ltr, 2003, p. 36.

[2] HIRIGOYEN, Marie-France. *Assédio Moral, a Violência Perversa do Cotidiano*, Bertrand do Brasil, RJ, 2002.

[3] LUNELLI, Carlos Alberto; MARIN, Jefferson; DINARTE, Marcos Santos. "Assédio Moral nas Relações do Trabalho: A necessária consideração do princípio da dignidade da pessoa humana", in AUGUSTIN, Sérgio (org.). *Dano Moral – Temas atuais*, Ed. Plenum, 2010, p. 228ss.

Dano moral é aquele de natureza não material, que atinge a personalidade, a esfera intima, afetiva e valorativa do lesado (ou herdeiros, sucessores), abalando o sentimento e ocasionando dor emocional, saudade, depressão, mágoa, tristeza, angustia, sofrimento – *pretium doloris*, preço da dor.[4]

Em todas as hipóteses, o assédio moral tem por cenário o ambiente de trabalho nas seguintes "versões" mundo afora[5]:

- Harcèlement moral (assédio moral), na França.
- Bullying (tiranizar), na Inglaterra.
- Mobbing (molestar), nos Estados Unidos e na Suécia.
- Murahachibu, ijime (ostracismo social), no Japão.
- Psicoterror laboral, acoso moral (psicoterror laboral, assédio moral), na Espanha.[6]

O assédio moral dá-se em duas modalidades: Assédio moral **individual** e assédio moral **coletivo**.

---

[4] SOUZA, Mauro Cesar Martins de. *Responsabilidade Civil decorrente do acidente do trabalho, doutrina e jurisprudência*, Ed. Agá Júris, Campinas-SP, 2000, p. 156.

[5] Para conhecer a legislação sobre assédio moral em vários países do mundo, cf. neste site: <http://www.assediomoral.org/spip.php?rubrique23>.

[6] Segundo monografia "O assédio moral no serviço público" copilada em www.inaciovacchiano. com, hoje, tanto a Organização Internacional do Trabalho (OIT), quanto o Fundo Europeu para Melhoria das Condições de Trabalho e de Vida (Fundo Dublin, 2000), reconhecem que o "assédio moral" ou "mobbing" constitui um problema internacional que vem aumentando a cada ano em países como Alemanha, Austrália, Áustria, Dinamarca, Estados Unidos, Reino Unido, França, Espanha e Suécia. Segundo a Agência Europeia para a Saúde e a Segurança no Trabalho, o assédio moral aumentou nos últimos 3-5 anos na Áustria, Bélgica, Países Baixos, Irlanda, Espanha e Suécia.

Assédio moral individual

O assédio moral individual divide-se em três formas:

– Assédio moral **vertical** – aquele que é praticado pelo chefe, diretor, gerente, encarregado, pelo dono da empresa ou seus familiares contra um empregado (subordinado).

– Assédio moral **horizontal**[1] ou simétrico – aquele que ocorre entre colegas de trabalho. Nesse caso, o assediador pode ser um ou vários empregados e, entre eles, ocorre geralmente disputa por espaço por cargo ou uma promoção, corriqueiramente do mesmo nível hierárquico.

– Assédio moral **ascendente** – é mais raro, pois é praticado por um ou por um grupo de empregados contra o superior hierárquico.

Gosdal e Soboll[2] descrevem muito bem essas situações, cuja origem identificaram na desigualdade da força que define o que é ou não é assédio moral, e apontam alguns exemplos interessantes, alguns deles a serem tratados mais adiante.

---

[1] Um caso que exemplifica situação de assédio horizontal foi noticiado pelo site do TST que, ao julgar recurso de uma empresa do ramo de logística, condenou a mesma a pagar R$ 50 mil reais de indenização a trabalhador que era chamado pelos colegas de "menino da FEBEM" porque trabalhava em um local isolado, frio e úmido, na empresa.

[2] In *Assédio Moral Interpessoal e Organizacional*, Editora LTr, São Paulo-SP, p. 29.

Encontrei no livro de Richard Conniff, intitulado *O Gorila no escritório. Compreenda por que nos tornamos irracionais no trabalho*",[3] o alerta de que:

> "As pessoas com poder às vezes esquecem que sua personalidade autoritária faz com que seus subordinados sintam-se bastante ameaçados. Isso pode ser perigoso quando os subordinados têm muito medo de falar e não têm coragem de impedir que seu chefe fique dando murros em ponta de faca. Os chefes também combinam a intimidação com uma tendência ainda mais perigosa, que é estereotipar os subordinados".

Por isso o **assédio moral** é um sinônimo de poder que causa um **dano** ao assediado, seja ele de natureza moral, psicológica ou financeira.

Para Valdir Florindo, **dano** vem do latim "*damnun*", "termo bastante amplo para significar qualquer prejuízo material ou moral causado a uma pessoa".[4]

Florindo assinala que o dano se caracteriza pelo:

> "prejuízo sofrido pelo patrimônio econômico ou moral de alguém" (..) uma "lesão ao bem jurídico" (em sentido amplo) e uma "lesão ao patrimônio" (em sentido estrito), sendo patrimônio "o conjunto das relações jurídicas de uma pessoa, apreciáveis em dinheiro".

---

[3] Conniff, Richard, *O Gorila no escritório. Compreenda por que nos tornamos irracionais no Trabalho*. Rio de Janeiro, Editora Best Seller Ltda, 2007.
[4] Florindo, Valdir. *Dano Moral e o Direito do Trabalho*. Ed. LTr, 4ª edição, abril de 2002.

Assédio moral coletivo

A segunda modalidade de assédio denomina-se **assédio moral coletivo:** aquele cometido pelo assediador contra um grupo de pessoas.

O professor Nehemias Domingos de Melo[1] assinala que:

> comumente tem ocorrido a prática de assédio moral de forma coletiva, principalmente nos casos envolvendo política "motivacional" de vendas ou de produção, nas quais os empregados que não atingem as metas determinadas são submetidos às mais diversas situações de psicoterror, cuja submissão a "castigos e prendas" envolve práticas de fazer flexões, vestir saia de baiana, passar batom, usar capacete com chifres de boi, usar perucas coloridas, vestir camisetas com escritos depreciativos, dançar músicas de cunho erótico, dentre outras.

Nehemias nos adverte também que:

> este tipo de prática medieval está ocorrendo em pleno século vinte e um e, mais grave ainda, praticado por empresas nacionais de grande porte e algumas multinacionais.

---

[1] Cf. <http://www.boletimjuridico.com.br/doutrina/texto.asp?id=1795>.

Nehemias de Melo cita como "exemplar" recente a condenação imposta à Cia. Brasileira de Bebidas – Ambev, no importe de R$ 1 milhão de reais revertido ao Fundo de Amparo ao Trabalhador – FAT,[2] em razão da prática de assédio moral coletivo contra seus trabalhadores.

Nessa decisão contra a Ambev, o Tribunal Regional do Trabalho da 21ª Região, por meio da Magistrada Joseane Dantas dos Santos, destacou o seguinte teor:

> a recorrente tem como corriqueira a adoção das "brincadeiras" em questão, inclusive em âmbito nacional, conforme prova dos autos, que configuram, de forma indene de dúvidas, dano moral a seus empregados, expondo-os a situação de ridículo e constrangimento perante a todos os colegas de trabalho, bem como à sociedade em geral, por serem obrigados a transitar com uniforme onde constavam apelidos ofensivos, o que ocorreu em razão de ato patronal violador do princípio da dignidade da pessoa humana.[3]

Sobre esse caso, veja a nota abaixo, extraída do site do MPT do Rio Grande do Norte:[4]

> **Indenização imposta à Ambev será paga com campanha para promover MPT:**
> O Ministério Público do Trabalho firmou acordo extrajudicial com a Ambev – Companhia de Bebidas das Américas, no qual a companhia comprometeu-se a não utilizar qualquer prática discriminatória contra

---

[2] Cf. notícia na íntegra mais adiante.

[3] A decisão foi do TRT da 21ª Região – Processo R – RO 01034-2005 (AC 61415) – J. 15.8.2006 – P. 22.8.2006 no DJE/RN.

[4] Nota do autor: A sentença foi confirmada pelo TRT da 21ª Região, no julgamento do Recurso Ordinário n. 01034-2005-001-21-00-6. Nos casos de dano moral coletivo, a indenização reverte ao Fundo de Amparo ao Trabalhador (FAT).

seus empregados e a promover uma campanha publicitária, cujo tema é o combate ao assédio moral e a atuação do MPT.

Em ação civil pública, movida pela Procuradoria Regional do Trabalho da 21ª Região (Rio Grande do Norte), a Ambev foi condenada pela Justiça do Trabalho, em 2006, a pagar indenização de R$ 1 milhão por dano moral coletivo decorrente da prática de assédio moral contra seus funcionários.

O Ministério Público do Trabalho potiguar, após a decisão judicial, elaborou termo de acordo extrajudicial com a presença da assessoria jurídica da Ambev, com o objetivo de definir a conduta da empresa em relação aos seus empregados para coibir constrangimentos, punição ou assédio moral dentro do ambiente de trabalho, e acertar a aplicação da indenização.

Além de doar dois veículos à Superintendência Regional do Trabalho para uso em fiscalização, a companhia vai realizar campanha publicitária tendo como objeto principal o combate ao assédio moral e a atuação do Ministério Público do Trabalho.

A campanha será divulgada em jornais impressos, rádio, televisão e outdoor e será produzida por agência de publicidade local. Em caso de descumprimento de quaisquer das cláusulas do termo, a empresa poderá pagar multa diária no valor de R$ 10 mil, a ser revertida à campanha publicitária.[5]

Destacam-se ainda, em razão da prática de **assédio moral coletivo**, outras condenações impostas pela Justiça do Trabalho a diversas empresas, tais como:

---

[5] N.A.: Essa sentença foi confirmada pelo TRT da 21ª Região, no julgamento do Recurso Ordinário n. 01034-2005-001-21-00-6. Nos casos de dano moral coletivo, a indenização reverte ao Fundo de Amparo ao Trabalhador (FAT). Fonte: <www.ultimainstancia.uol.com.br/noticia/50632.shtml>.

- revista íntima vexatória;
- instalação de câmeras em banheiros dos funcionários;
- controle de idas ao banheiro;[6]
- terceirização fraudulenta;
- condutas antissindicais[7] das mais diversas;
- discriminação racial;[8]
- danos ao meio ambiente e à saúde dos empregados;
- tratamento desumano;[9]
- listas negras; e
- imposição de metas inatingíveis.[10]

Outro exemplo de violação coletiva de conduta que foi reprimida pelo TST – a mais alta corte da justiça trabalhista no Brasil – refere-se à condenação imposta a uma grande empresa brasileira, fabricante de alimentos, que terá de pagar uma indenização de 1 milhão de reais por conduta antissindical,[11] porque coagia seus empregados a se desligarem do sindicato de classe.[12]

---

[6] Controle de ida ao banheiro custa caro à Anatel e sua terceirizada Teletech, notícia publicada no site do TST no dia 23.4.2008, que dá conta de que ambas foram condenadas a indenizar uma funcionária no valor de R$ 10 mil reais, pois a esta somente era permitido utilizar-se do sanitário por cinco minutos durante a jornada (AIRR1040/2005-008.10-40.2).

[7] Empresa obrigava empregados a renunciar a direitos assegurados em ação trabalhista movida pelo Sindicato e foi condenada ao pagamento de R$ 50 mil destinado ao FAT por dano moral coletivo.

[8] Empresa é condenada pelo Juiz do Trabalho de Sobral (CE) a pagar indenização de 50 salários mínimos por racismo, porque gerente se referia à empregada como "neguinha" (RO n. 01131-2007-134.03.00.8).

[9] Vendedor que era obrigado a imitar animal em reuniões da empresa será indenizado (TRTMG no RO n. 00858-2006-007-03-00-6).

[10] Vendedor que não atingisse a meta era obrigado a imitar animal em reuniões da empresa e receberá R$ 10 mil reais de indenização. Esse caso aconteceu em Minas Gerais e foi decidido pelo TRT no RO 00858.2006.007.03.00.6.

[11] RO n. 01628-2006-104-03-00-3, fonte: TRT-MG, de 30/7/2007.

[12] Proc RO n. 01628-2006-104-03-00-3, fonte: TRT-MG, 30/7/2007.

Em outro processo a 6ª turma do TST manteve a sentença do Tribunal Regional do Trabalho da 3ª Região (MG) que, em uma Ação Civil Pública ajuizada pelo MPT – Ministério Público do Trabalho –, condenou um grande Banco ao pagamento de R$ 500 mil por dano moral coletivo, em razão de que os funcionários da agência de Juiz de Fora (MG) foram submetidos a um ambiente nocivo.

Segundo consta no voto da Desembargadora Convocada, Dra. Maria Doralice Novaes, relatora desse processo: "descumprindo o banco normas de conduta trabalhista que colocaram em risco a saúde dos empregados, além de não implementar corretamente um programa de saúde médico e ocupacional, submetendo-os a jornada de trabalho excessiva sem pagamento de horas extras", assim foi mantido o valor da condenação, arbitrado pela Vara do Trabalho.[13]

> **Constituição Federal**
> **Art. 5º** Todos são iguais perante a lei, sem distinção de qualquer natureza, garantindo-se aos brasileiros e aos estrangeiros residentes no País a inviolabilidade do direito à vida, à liberdade, à igualdade, à segurança e à propriedade, nos termos seguintes:
> (...)
> X – São invioláveis a intimidade, a vida privada, a honra e a imagem das pessoas, assegurado o direito de indenização pelo dano material ou moral decorrente de sua violação.

---
[13] Informe do TST.

Quem é e quais são os objetivos do assediador

Quem pratica o assédio moral é conhecido como assediador. E a vítima é o assediado. O assediador pode ser não apenas o dono da empresa, mas também o chefe, o gerente, os encarregados ou supervisores. Na hipótese de assédio moral horizontal, o assediador pode ser um ou vários colegas de trabalho.

O assediador geralmente busca desqualificar o subordinado e desmoralizá-lo, desestabilizando-o emocional e moralmente. Veja este depoimento:

> "Para entrar na empresa, foi muito difícil. Fiz várias entrevistas. Pediram exames que não sei para que eram. Mas tudo bem. Consegui o emprego. Acho que foi mais difícil para mim. Mas mesmo assim, no início, não tive problemas. Só depois, quando foi mudada a chefia e veio uma mulher, comecei a ser discriminada, primeiro com apelidos: preta, pintada, pantera, incapaz, burrinha. Sofri várias ameaças de ser demitida. As minhas colegas evitavam falar comigo. Se eu tentasse me aproximar delas, sentia que não adiantava. Elas tinham medo de ser vistas comigo. Há dois meses entrou uma menina branca. Minha chefe usa essa menina para me humilhar. É indireta e ironia a toda hora. Todo mundo tem medo, porque ela disse que se alguém se aproximar de mim será demitida. Agora sou motivo de comentários. Não aguento, mas preciso do emprego pra sustentar minha filha" (depoimento de uma trabalhadora da região Nordeste).

Se não for contido, o assédio amplia-se e repercutirá em todo o ambiente de trabalho, tornando o lugar desagradável, insuportável e hostil.

Na maioria das vezes, o assediado tende a desistir do emprego ou, no caso do serviço público, é muitas vezes forçado a pedir transferência. No serviço público, muitas das ocorrências de assédio estão relacionadas a perseguições políticas.

Veja, por exemplo, o relato de um caso de que cuidei recentemente, que demonstra o abuso praticado pelo prefeito de uma cidade do interior do estado de São Paulo, que persegue uma servidora pública estadual em razão de sua opção política partidária.

A servidora pública mora em uma pequena cidade no interior paulista, que fica a mais de 600 km da capital São Paulo, e trabalha no único posto de saúde da cidade há mais de 28 anos.

Passou a ser perseguida pelo prefeito da cidade, o que resultou em sua transferência, sendo ela colocada à disposição da diretoria regional de saúde de São José do Rio Preto, distante mais de 120 km do local.

Tudo começou porque no dia que esse prefeito foi votar nas eleições municipais, em que ele era o candidato, ela estava trabalhando de fiscal do partido de oposição na única sessão eleitoral da cidade.

Inconformada com a transferência, pois estava próxima de aposentar-se, ela procurou o Sindicato, pois se tal transferência se consumasse, ela como servidora do Estado teria de viajar todos os dias por mais 120 km para se apresentar na Divisão Regional da Saúde, apenas para assinar o ponto, deixando sua casa e sua família.

Em 5 de fevereiro de 2010 o Dr. Randolfo Ferraz de Campos, Juiz de Direito da 14ª Vara da Fazenda Pública de SP, acolheu o pedido de liminar assim fundamentado:[1]

---

[1] O nome das partes foi omitido para preservar suas identidades.

05/2/2010 – Decisão Proferida Vistos. Respeitada a convicção do nobre prolator do respeitável decisum de fls. 76, tenho como imperativo conceder-se a tutela antecipada, agora em sede de juízo de retratação face ao agravo interposto na forma de instrumento contra aludido provimento jurisdicional.

Deveras, está-se a falar de servidora pública de área das mais importantes dentre as de atuação estatal saúde pública em município pequeno logo, com poucos servidores públicos a atuarem em dita área, tornando cada qual imprescindível à prestação eficiente do serviço público – servidora esta a autora que já vinha lá trabalhando há décadas (veja-se a nomeação da autora para 'PG' já no longínquo ano de 1981 a fls. 20 ao passo que o documento de fls. 21 datado é de 1997). Indaga-se, pois: transferi-la para que ou por quê?

Má atuação é que se não trata, pois, fosse assim, teria de haver processo administrativo com punição disciplinar. Caminho incerto, tortuoso e prolongado, não havendo notícia de histórico de faltas funcionais imputadas à autora que pudesse ensejar o tomar tal via (bem ao contrário, o que se lê a fls. 46 é histórico de serviços públicos prestados pela autora em órgãos ou entidades de importância vital a qualquer município como Conselho Municipal de Segurança, Câmara de Vereadores e Conselho Tutelar com reconhecimento de sua eficiência e dedicação por nada menos do que oito vereadores de "PG", número tão expressivo que não permite supor estarem todos tão enganados sobre a autora, coisa que, aliás, ainda mais dificultoso fica aventar por conta do teor dos documentos de fls. 47/50). Conveniência do serviço público?

Não é o que se lê a fls. 26. Na realidade, o que se lê aqui é imputação de má conduta administrativa da autora "... não comparece no local que lhe é designado para cumprimento de sua jornada de trabalho, não havendo, portanto, razões para sua permanência junto à unidade ..."–, porém sem nenhum procedimento, sindicância que fosse, a atestar sua realidade, quanto menos processo administrativo a facultar à autora o direito à defesa e ao contraditório, omissão que, quiçá, se tenha perpetrado exatamente por não condizer com a realidade, ao menos não segundo o que se vê nos documentos de fls. 51/67.

Perseguição política? Ganha vulto tal hipótese por conta do teor dos documentos de fls. 24/25, 26/27 e, especialmente, face ao apoio dado à autora por oito vereadores de "PG" a par das declarações contidas nos documentos de fls. 47/50. Basta ler tais documentos, confrontá-los com o exposto a fls. 4/5 e saber-se do que se está a tratar.

Ganha ainda mais vulto tal hipótese, considerando o histórico da autora: quase trinta anos de serviços prestados, sempre em "PG", em órgãos como Conselho Tutelar, Conselho Municipal de Segurança e Câmara de Vereadores. Indago: por conta de tal quadro, face a tais peculiaridades, há razoabilidade na transferência determinada em detrimento da autora, nascida em 1956, vida toda estruturada em 'PG', infimamente remunerada (seu cargo é modesto), local de trabalho mantido o mesmo por décadas, há pouco tempo de aposentar-se, para trabalhar em local 120 km distante, ficando obrigada mulher de mais de cinquenta anos de idade a viajar todos os dias mais de 240 km?

Isto em área de serviço público relevantíssima saúde pública a reclamar, não há como supor o inverso, sempre maior número de servidores e quanto mais experientes, melhor será. A resposta é negativa, pois exílio e banimento, até onde se sabe neste país, não são admitidos, mesmo por meio de artifícios como "cessação de empréstimo de servidor público", ainda que gerada através de manipulação de informações, de forma velada ou simulada.

Enfim, há prova inequívoca da verossimilhança das alegações, o que se conclui em juízo perfunctório dos fatos e correlatadas provas e manifesto é o perigo da demora.

Destarte, suspendo em sede de tutela antecipada, seja em juízo de retratação por força do agravo interposto, seja porque se não se a "... deferir ou não apreciar seu cabimento *in limine litis*, pode concedê-la mais tarde, desde que considere presentes os seus pressupostos" (Humberto Theodoro Júnior, *Curso de Direito Processual Civil*, vol. I, Forense, 1996, 18ª ed., n. 372-b, p. 369), a transferência de local de trabalho da autora de que trata o documento de fls. 29, de modo a ficar determinado seu retorno ao local de trabalho ali também indicado, vinculado à Prefeitura Municipal de "PG". Cite-se e intime-se para cumprimento.

"Chefe ruim faz mal à saúde dos empregados"

É isso mesmo, conforme notícia publicada pelo Jornal da Tarde de 26.11.2008[2] que afirma:

> Funcionários submetidos a gerentes arbitrários podem ter mais estresse e doenças cardíacas. Chefes arbitrários e insensíveis não apenas elevam o estresse no ambiente de trabalho, mas podem também aumentar o risco de doenças cardíacas em seus funcionários, sugere um estudo sueco. Pesquisa de uma equipe do Instituto Karolinska, e da Universidade de Estocolmo, encontrou uma forte ligação entre mau gerenciamento e os riscos de distúrbios cardíacos graves, e até ataques do coração nos empregados.

---

[2] Cf. <http://www.jt.com.br/editorias/2008/11/26/int-1.94.6.20081126.3.1.xml>.

Peter Barth,[3] que é psicólogo organizacional, adverte que alguns aspectos ajudam a identificar melhor as características do superior que não está apto às funções do cargo.

Para ele, maus chefes são prejudiciais à saúde. Barth destaca que há um efeito "cascata" de estilo de liderança: "se alguém faz carreira numa organização, e os líderes que encontra ao longo da sua trajetória são autoritários, protegem suas posições e não abrem o jogo com seus subordinados, provavelmente esta é a cartilha pela qual ele vai se guiar quando tiver a oportunidade de liderar os outros".

Por isso não é difícil identificar atitudes comuns de assédio moral no ambiente de trabalho. Embora seja difícil indicar apenas uma característica na identificação do assediador, as pessoas que praticam o assédio moral geralmente têm aspectos em comum.

As atitudes do assediador geralmente são do tipo que sempre buscam humilhar o trabalhador. Ele às vezes age de maneira agressiva e é perverso com palavras, portando-se com atitudes do tipo "dono da verdade"; é grosseiro para com os subordinados, mas bajula os superiores e também, em outras situações, gosta de contar vantagem e de colher sozinho os louros de projetos bem-sucedidos.

O assediador explora o medo, a fraqueza das vítimas e o fantasma do desemprego. Não raras as vezes que as vítimas do assediador não conseguem reagir, sentem-se com medo e acuadas e acham que as consequências poderão ser ainda piores. Nessas hipóteses adquirem doenças diversas, especialmente síndrome do pânico, podendo chegar a cometer suicídio.[4]

---

[3] Cf. <http://www.administradores.com.br/informe-se/informativo/maus-chefes-prejudicam-a-saude-dos-subordinados/11595/>

[4] Quanto à ocorrência de suicídios por conta do assédio moral sofrido, cf. notícias adiante.

QUEM É E QUAIS SÃO OS OBJETIVOS DO ASSEDIADOR

Destaco reportagem sobre esse assunto, com o título "Chefes intimidadores se sentem incompetentes, diz estudo",[5] que mostra que uma nova pesquisa mostra que chefes que se sentem incompetentes atacam severamente os outros, com intuito de compensar a própria inferioridade.[6]

Ser chefe não é tão simples. Ser chefe é liderar uma equipe e ser exemplo para todos. Karim Khoury[7] ensina que "liderar significa exercer influência sobre o que se passa ao seu redor, seja construindo a vida que você deseja para si mesmo, seja inspirando diferentes pessoas a caminhar na mesma direção".

Ele arremata: "A habilidade de liderança pode ser desenvolvida e depende de ações práticas e objetivas" com o que concorda Jorge Dias Souza[8] quando aponta que "um líder que se preocupa com a sua empresa e com suas metas tem de ter a segurança e a coragem de ser rigoroso e, às vezes, impopular, quando o foco estiver centrado nas tarefas".

E recomenda: "Mesmo assim, só deve tomar atitudes mais imperativas focando o pleno desenvolvimento e o elevado desempenho dos seus funcionários para o cumprimento das rotinas e metas estabelecidas, ajudando àqueles não totalmente preparados para a eliminação de suas falhas e pontos fracos".

E alerta: "Jamais um líder deverá agregar ao necessário 'pulso forte' o assédio moral. São atitudes completamente diferentes, sendo a primeira, às vezes, imprescindível, e a segunda abominável".

---

[5] Folha Online – 28/12/2009.

[6] Indico a leitura do livro de Jorge Dias de Souza, que já foi administrador de empresas e escreveu *As chefias avassaladoras* (Editora Novo Século, 2009), em que aponta várias situações nas quais ocorre assédio moral, vistas pelos olhos de quem já esteve por mais de 22 anos na gestão de pessoal, e dá várias dicas "para acabar com essa prática devastadora nas empresas", promovida, segundo ele, por "chefes alucinados", loucos varridos.

[7] Cf. seu livro *Liderança, é uma questão de atitude*. Editora Senac/SP, 2009, p. 15.

[8] Colhido da p. 145 de seu livro *As chefias avassaladoras*. Editora Novo Século, 2009.

Atitudes comuns do assediador

A médica do trabalho e professora Margarida Barreto,[1] é uma das maiores especialistas nesse assunto aqui no Brasil. Em seus estudos,[2] ela indica que as situações mais frequentes que caracterizam a ocorrência do assédio moral no ambiente do trabalho são:

- predomínio de instruções confusas e imprecisas;
- bloqueio e isolamento no trabalho;[3]
- rebaixar ou mandar o(a) trabalhador(a) realizar tarefas abaixo de sua capacidade profissional (servir café, limpar banheiro);
- fazer comentários maldosos em público;
- discriminações das mais variadas, conforme será tratado mais adiante.

---

[1] Cf. seu Livro *Assédio Moral no Trabalho*, em coautoria com Maria Ester de Freitas e Roberto Heloani. Ed. Cengage – Coleção Debates em Administração.

[2] In BARRETO, Margarida. *Assédio moral.* O risco invisível no mundo do trabalho. Disponível em: <http://www.redesaude.org.br/jr25/html/body_jr25-margarida.html>. Acesso em: 17 set. 2004.

[3] Cf. este exemplo: Operário é humilhado por empregador em Vinhedo, notícia da Agência Anhanguera e do Globo, de 4.4.2009, dá conta de que uma empresa da Região de Campinas manteve um empregado sentado na lata do lixo e vigiado por uma câmera durante sete meses. O caso foi parar no MPT da 15ª Região que pôs fim ao problema.

Constatou-se ainda como forma de assédio a imposição das chamadas metas inatingíveis,[4] que ocorre quando o chefe delega tarefas ao funcionário sabendo que o mesmo não tem condições de resolver, possibilitando-lhe negativar o funcionário futuramente.

Temos também a disseminação de fofocas sobre a vítima, no campo do assédio horizontal – praticado por colegas –, e até as técnicas da inação, que consistem no isolamento do empregado no ambiente de trabalho,[5] chegando ao absurdo da proibição e/ou controle do uso de sanitários.

Isso nos leva à conclusão de que assédio moral é toda uma série de condutas abusivas e agressivas que resultam na violência verbal ou física no ambiente de trabalho.

O Professor Reginald Felker[6] relata que o assédio moral pode ser emocional, estratégico e institucional.[7]

Os principais fatores destacados nas condutas de assédio geralmente são a competição, a preferência pessoal do chefe, porventura ressaltada pela vítima, a inveja, o racismo, a discriminação e a xenofobia (vide casos concretos mais adiante), e, por fim, motivos políticos (especialmente quando se trata de serviço público), conforme exemplificado pelos diversos casos concretos relatados neste livro.

---

[4] Destaco sentença proferida pela Juíza Cláudia Regina Reina Pinheiro, da 2ª VT de Niterói (RJ), que condenou um banco a pagar a uma bancária indenização por dano moral sofrido, decorrente de ameaças e pressões psicológicas para o cumprimento das metas estabelecidas, visando o alcance da maior produtividade e lucratividade, mas sem respeito à dignidade da trabalhadora (Proc. 1489/2003).

[5] Cf. adiante caso ocorrido em uma grande montadora de veículos no ABC.

[6] Advogado atuante em Porto Alegre (RS), professor universitário e autor do livro *Dano Moral, Assédio Moral, Assédio Sexual nas relações de trabalho*, Editora LTr, 3ª edição, 2010.

[7] Cf. mais detalhes sobre isso na obra da jurista portuguesa Rita Garcia Pereira. *Mobbing ou Assédio Moral no Trabalho, Contributo para a sua Conceptualizaçao*, Coimbra Editora.

"Chicotes, ofensas e ameaças"
O assédio moral visto pelo TST

Conforme notícia tirada do site do TST – Tribunal Superior do Trabalho, em 1/2/2007:

> Na prática, a "criatividade" dos assediadores supera as sucintas descrições legais. Os processos que chegam à Justiça do Trabalho buscando reparação por danos causados pelo assédio moral revelam que, em muitas empresas, o ambiente de trabalho é um circo de horrores.
>
> Ameaças, ofensas, sugestões humilhantes, isolamento e até agressões físicas fazem parte do roteiro. Em processo contra uma empresa da Bahia, uma trabalhadora afirmou que o gerente de vendas "a teria ridicularizado, obrigando-a a participar de atos libidinosos com vendedores e clientes, assim como tentou estuprá-la, causando-lhes lesões corporais graves".

Segundo consta ainda da notícia:

> Em outro processo, envolvendo um banco, os autos registram a conduta reprovável do gerente, ao qual estava subordinado o empregado, que, utilizando-se de um chicote, cobrava a produção dos empregados.
>
> De acordo com depoimentos de testemunhas, o gerente, além de transformar o chicote ganho de um

empregado em "ferramenta de trabalho", chamou o trabalhador que ajuizou a ação de incompetente e jogou sua gaveta no chão na frente de um cliente.

Durante um período em que o empregado esteve afastado, o mesmo gerente "ligava diariamente e mencionava que iria convencê-lo, pelo cansaço, a voltar a trabalhar".

Em determinada loja de utilidades domésticas, no Rio Grande do Sul, realizavam-se reuniões em que os vendedores "eram chamados de ignorantes, burros, parasitas", e o gerente os ameaçava de perda de emprego caso não cumprissem suas cotas.

Outra prática, alvo de várias reclamações trabalhistas, é o pagamento de "prendas".

Outro exemplo citado pelo TST:

Numa revendedora de bebidas e refrigerantes de Conselheiro Lafaiete (MG), os vendedores que não atingiam suas metas eram obrigados a pagar flexões, correr em volta de uma praça pública e usar um certo "capacete de morcego", diante dos colegas e das pessoas que estivessem na praça no momento.

Em Belo Horizonte, uma indústria de bebidas aplicava castigos vexatórios semelhantes, submetendo seus empregados a constrangimentos, como desfilar de saia rodada, perucas e batom diante dos colegas e mesmo de visitantes.

Segundo levantamento realizado em 2006 por Maria Cristina Irigoyen Peduzzi, Ministra do TST:

.... o tema, embora ainda recente, já foi examinado por quase todos os 24 TRTs, e que a partir de 2005 ocorreu um substancial aumento, especialmente nas regiões Sul e Sudeste.

Os fatos mais recorrentes são a inação compulsória – quando o empregador se recusa a repassar serviço ao empregado –, humilhações verbais por parte de superiores (inclusive com palavras de baixo calão), coações psicológicas visando à adesão do empregado a programas de desligamento voluntário ou à demissão, ressalta a ministra.

* * *

Outro caso concreto que teve a atuação profissional do autor

Servidora Pública discriminada por ser portadora do vírus HIV[1]

Vou tratá-la simplesmente por "C", pois seu nome não pode ser revelado. Ela procurou o SINDSAUDE no dia que eu estava de plantão. Foi há mais de 10 anos, numa tarde de quinta-feira. Ela era servidora pública na Secretaria Estadual da Saúde, tem o vírus do HIV e certo dia, sem motivo aparente, foi demitida.

O caso é gritante demais e impressiona porque aconteceu na Secretaria Estadual da Saúde, e representa grande contradição, porque é justamente o lugar onde são tratados os pacientes portadores do vírus HIV. Mas "C", enquanto servidora pública, não recebeu do Governo o mesmo tratamento que é dado aos demais pacientes.

Ela estava envergonhada e relutou em me dar detalhes do caso, mas quando finalmente se decidiu falar estava com os olhos cheios de lágrimas e contou sua

---

[1] Venho cuidando pessoalmente desse processo desde seu início.

história: mulher, mãe, casada e aidética, foi demitida e estava inconsolada porque estava inscrita em um programa de habitação popular, havia sido sorteada, mas devido sua demissão perderia o direito a sua tão sonhada casa própria.

E, o que é pior, temia morrer e não deixar uma casa para seu filho, que ainda era bem novo, tinha pouco mais de um ano de vida. O que mais revoltou é que o fato de ela ser portadora do vírus HIV já era do conhecimento do RH do órgão público, antes de ela ser demitida, pois o Médico do Trabalho que a examinou, antes de sua demissão, fez consignar no atestado padrão pré-demissional os seguintes dizeres: "é portadora do vírus (HIV), em controle ambulatorial".

O diretor do órgão público que demitiu "C" foi notificado pelo SINDSAUDE e, ao invés de agir com bom senso, manteve sua demissão, obrigando que recorresse à Justiça do Trabalho.

E então "C" foi reintegrada por determinação da Justiça e assim o Governo reconheceu o erro publicando no Diário Oficial do Estado a anulação da dispensa de "C".

Mas o processo continuou, pois ainda queríamos a indenização pelo dano moral em virtude da dor sofrida. E como era de se esperar a servidora venceu em 1ª instância, através de sentença do Juiz de Direito Valentino Aparecido de Andrade, da 6ª Vara da Fazenda Pública de São Paulo, que em 24.7.2000 condenou o Estado de São Paulo na miserável indenização correspondente ao valor de mais ou menos R$ 700,00, acrescido de juros e correção monetária (Processo 927/1999).

Recorremos ao TJSP e, quase seis anos depois (em 23.5.2006), a apelação foi provida pelo voto do Desembargador Carlos de Carvalho (Ap. Cível 192.546-5/7-00), que assinalou em seu voto que "ficou demonstrado que a autora foi dispensada de forma discriminatória, ocasionando lesão a sua integridade moral", mas mesmo assim a indenização fixada por ele pelo dano moral continuava ínfima: foi elevada de 1 para 10 vezes o salário recebido por ela, ou seja, de R$ 700,00, aumentaram para R$ 7.000,00.

Recorremos novamente ao Superior Tribunal de Justiça[2] e a Ministra Nancy Andrighi ampliou para R$ 50.000,00 o valor da indenização a ser pago a "C".

Agora, mais de 10 anos depois, o processo se encerrou no mérito e a servidora está viva graças ao avanço do tratamento da AIDS, e agora ansiosamente espera na fila dos precatórios do Governo do Estado, que está parada desde 1998 e já soma mais de 12 bilhões de reais acumulados e tem mais de 400 mil pessoas esperando.

Sem dúvida, este caso foi um dos mais emocionantes que cuidei, em mais de 25 anos de advocacia. Dada a repercussão do caso na época, ele foi notícia no jornal *O Estado de São Paulo*, que segue:

"Demitida, servidora com HIV terá indenização maior"[3]

Ex-funcionária da Secretaria Estadual da Saúde de São Paulo deve receber R$ 50 mil em ação por danos morais

Felipe Recondo, Brasília

O Superior Tribunal de Justiça (STJ) condenou a "S", ligada à Secretaria da Saúde de São Paulo, a pagar indenização por danos morais a uma servidora demitida sem justa causa, em 1997, por ter contraído HIV, o vírus da Aids. Dez anos depois, a indenização foi definida em R$ 50 mil.

---

[2] Processo REsp número 1.049.189-SP.
[3] Fonte: Jornal *O Estado de S.Paulo*, 27.8.08.

Esse valor é 14 vezes maior do que o estipulado pelo Tribunal de Justiça do Estado, que havia definido que ela receberia o correspondente a dez vezes o salário da época, contratada como visitadora sanitária. As circunstâncias da demissão foram a razão central para o aumento da indenização. A Secretaria da Saúde não vai contestar a ação.

A servidora "C" – o nome é mantido em sigilo – estava grávida à época e descobriu que tinha Aids quando fazia exames durante o pré-natal. O marido fez exame de sangue e também descobriu ser portador do vírus. O filho do casal acabou nascendo com o vírus.

A secretaria só foi informada que a servidora era portadora do vírus quando a servidora tentava sacar os recursos do Fundo de Garantia do Tempo de Serviço (FGTS), o que podia fazer por ser portadora do HIV. Como havia erros nos depósitos, a secretaria foi notificada. Apesar do filho recém-nascido e de enfrentar a doença, a "S" a demitiu.

"Essa circunstância é especialmente cruel", classificou a ministra do STJ Nancy Andrighi, relatora do recurso que pedia o aumento da indenização, aprovado por unanimidade pelo STJ. "Como se não bastasse a luta que o casal passou, não apenas para manter sua união, mas para prolongar sua própria vida (...), como se não bastassem todas as dificuldades que a descoberta da doença traria a qualquer pessoa, a recorrente ainda teve de suportar uma agonia maior: também estava em risco o seu próprio filho", enfatizou a ministra.

"É muito difícil imaginar uma situação de maior agonia para um ser humano. A recorrida 'S', porém, conseguiu a façanha: demitiu a recorrente em meio a todo esse turbilhão. Somou-se, com isso, a todo o desespero da recorrente, também a expectativa de não mais poder contar sequer com sua renda mensal", acrescentou no seu voto.

Dano provocado

Um atenuante nessa situação seria o fato de a secretaria ter readmitido a servidora depois que o Sindicato dos Trabalhadores Públicos da Saúde de São Paulo interveio para mantê-la no cargo. Mas os ministros consideraram que o dano já estava provocado.

"O fato de a recorrente (a servidora) ter sido readmitida poucos meses após sua demissão não elimina o dano moral que lhe foi causado. Os meses pelos quais perdurou a sua situação de desespero, de agonia, de ansiedade, foram os meses em que cuidava de seu filho, ainda bebê", afirmou a ministra na decisão.

> **Resumindo**
>
> – **Assédio moral** é toda e qualquer conduta que pode se dar por meio de palavras ou mesmo de gestos ou atitudes.
> – O assédio moral prejudica a personalidade, a dignidade ou integridade física ou psíquica do trabalhador.
> – Põe em risco o emprego.
> – Degrada o ambiente de trabalho.

Depoimentos de assediados
Fernanda (funcionária de escritório)

Fernanda (nome fictício) trabalhava em um escritório de contabilidade havia três anos, quando houve uma mudança nas cadeiras de chefia e ela ficou subordinada a um novo chefe, que logo nos primeiros dias já lhe demonstrou pouca simpatia. Por ter de mantê-la na equipe, por algum motivo desconhecido, acabou deixando-a apartada das atividades, não lhe delegando tarefas e muitas vezes agindo como se ela sequer estivesse ali. E o que parecia apenas uma implicância de chefe chato acabou transformando-se em um tormento sem fim. Até que ela pediu demissão.

"No início eu não cheguei a me incomodar, mas depois fui me sentindo muito mal porque era como se eu estivesse ali só porque não podiam se livrar de mim de outro jeito, como se meu emprego fosse apenas um favor que estavam me fazendo. Depois de algum tempo, fiquei deprimida porque comecei a acreditar que realmente era incapaz", justifica.

Sandra (auxiliar de enfermagem)

"Janeiro foi um mês fora de série: minha chefe entrou de férias. Durante trinta dias, fiquei livre dos seus insultos e ameaças. Foi o mês mais calmo que tive no trabalho até hoje. Eu sou auxiliar de enfermagem em uma Unidade Básica de Saúde e sofro todo tipo de pressão psicológica diariamente. Minha superior gosta de me humilhar em público, falando em alto e bom som que eu sou encrenqueira, que não sei trabalhar em equipe, entre outras coisas. Se lhe peço algum tipo de orientação profissional, ela reclama: 'Ah, lá vem você de novo!'

Pensei em conversar com ela algumas vezes, mas acabei me calando. Em certa ocasião, sugeri levar o caso ao diretor e ela me acusou de estar ameaçando-a. Fez um escândalo na frente dos outros funcionários, criando um enorme constrangimento. Desde que comecei a trabalhar com ela, choro à toa, tenho dores de cabeça e sinto uma tensão muscular tão forte que parece que tomei uma surra. Já cheguei a falsificar um atestado médico para não ter de ir trabalhar. Pretendo ser transferida da unidade o quanto antes."

(*) Os fatos são reais, mas os nomes foram omitidos para preservar os depoentes.

Consequências do assédio moral no trabalho

Conforme demonstram os estudos da OIT[1] e da OMS[2] adiante citados, se não for controlado, o assédio moral provoca a degradação do meio ambiente de trabalho.

O estudo da OMS[3] demonstra que as perspectivas são sombrias em razão da globalização da economia, tendendo sempre a predominarem as depressões, as angústias e doenças generalizadas, tais como: doenças cardíacas, alterações de peso e úlceras estomacais, perda da libido e doenças de pele.

Outras consequências são os desgastes psicológicos e emocionais decorrentes do acirramento das relações interpessoais

---

[1] A Organização Internacional do Trabalho (OIT) é uma agência multilateral ligada à Organização das Nações Unidas (ONU), especializada nas questões do trabalho. Tem representação paritária de governos dos 182 Estados-Membros e de organizações de empregadores e de trabalhadores. Com sede em Genebra, Suíça, desde a data da fundação, a OIT tem uma rede de escritórios em todos os continentes. Fonte: <http://pt.wikipedia.org/wiki/Organiza%C3%A7%C3%A3o_ Internacional_do_Trabalho>.

[2] A Organização Mundial da Saúde (OMS) é uma agência especializada em saúde, fundada em 7 de abril de 1948, e subordinada à Organização das Nações Unidas. Sua sede é em Genebra, na Suíça. A diretora-geral é, desde novembro de 2006, a chinesa Margaret Chan. A OMS tem suas origens nas guerras do fim do século XIX (México, Crimeia). Após a Primeira Guerra Mundial, a SDN criou seu *comitê de higiene*, que foi o embrião da OMS. Segundo sua constituição, a OMS tem por objetivo desenvolver ao máximo possível o nível de *saúde* de todos os povos. A *saúde* sendo definida nesse mesmo documento como um "estado de completo bem-estar físico, mental e social e não consistindo somente da ausência de uma doença ou enfermidade". Fonte: <http:// pt.wikipedia.org/wiki/Organiza%C3%A7%C3%A3o_Mundial_da_Sa%C3%BAde>.

[3] OMS. Oficina Regional para Lãs Américas de La Organización Mundial de La Salud. Genebra [SWZ]: OMS; 2002. [citado junho 2003]. Disponível em: <http://www.who.int/violence_injury_ prevention/violence/world_report/en/summary_es.pdf>. Acesso em: 3 out. 2008.

no ambiente ocupacional, provocando, inclusive, a desestruturação familiar.

Entretanto, as empresas também perdem, pois o assédio traz também rotatividade no emprego, gera queda da produtividade e da qualidade dos serviços, uma vez que reduz a saúde psicológica e física dos trabalhadores.

O assédio moral afeta negativamente o bem-estar do trabalhador, o que reflete não apenas em sua eficiência, mas também nos outros trabalhadores, pois instala a negligência, o absenteísmo, o aumento expressivo dos pedidos de licenças médicas e afastamentos por doença e o aumento no número de acidentes de trabalho.

Por isso cabe lembrar que o artigo 157 da CLT – Consolidação das Leis do Trabalho – alerta que:

> Art. 157 – Cabe às empresas:
> I – cumprir e fazer cumprir as normas de segurança e medicina do trabalho;
> II – instruir os empregados, através de ordens de serviço, quanto às precauções a tomar no sentido de evitar acidentes do trabalho ou doenças ocupacionais;
> III – adotar as medidas que lhes sejam determinadas pelo órgão regional competente;
> IV – facilitar o exercício da fiscalização pela autoridade competente.

O assédio moral também contribui para a precarização[4] das condições de trabalho, que, aliadas ao aumento da jornada

---

[4] Esse termo tem sido utilizado para designar perdas nos direitos trabalhistas ocorridas no contexto das transformações do mundo do trabalho e de retorno às ideias liberais de defesa do estado mínimo, que vêm surgindo, especialmente, nos países capitalistas desenvolvidos, a partir da terceira década do século passado. Em termos genéricos, refere-se a um conjunto amplo e variado de mudanças em relação ao mercado de trabalho, condições de trabalho, qualificação dos trabalhadores e direitos trabalhistas, no contexto do processo de ruptura do modelo de desenvolvimento fordista e de emergência de um novo padrão produtivo (Mattoso, 1995).

e à escassez de emprego, comprometem o respeito aos direitos sociais conquistados e o bem-estar humano no ambiente ocupacional.

Por isso filio-me à tese de Rita Garcia Pereira, jurista portuguesa que afirma em seu livro que o assédio moral se caracteriza por uma espécie de "microtraumatismos repetidos".[5]

O advogado paranaense Luiz Salvador,[6] ex-Presidente da Abrat,[7] afirma que "o desabrochar do individualismo reafirma o perfil do 'novo' trabalhador: 'autônomo, flexível', capaz, competitivo, criativo, qualificado e empregável. Estas habilidades o qualificam para a demanda do mercado. Estar 'apto' significa responsabilizar os trabalhadores pela formação/qualificação e culpabilizá-los pelo desemprego, aumento da pobreza urbana e miséria, desfocando a realidade e impondo aos trabalhadores um sofrimento perverso".

Marthius Sávio Cavalcante Lobato aponta que isso é reflexo de mudanças que, segundo ele, começaram a ser notadas nos anos 90, quando "iniciou-se uma política eminentemente neoliberal (...) que atingiu toda a sociedade (...), a chamada fase do Estado mínimo (...), o processo de privatizações e terceirizações".[8]

Ele pontua lamentando: "Despreza-se, com isso, o Estado Social".[9] Por isso o assédio moral no trabalho vem contribuindo com o crescimento do número de ações judiciais em que os autores pleiteiam indenizações em dinheiro em razão do assédio moral.

---

[5] Em evento realizado no início de 2010, em Lisboa, ela autografou para mim seu livro *Mobbing ou Assédio Moral no Trabalho, Contributo para a sua Conceptualizaçao*, Coimbra Editora, p. 231.

[6] SALVADOR, Luiz. "Assédio Moral: Ferramenta utilizada para o aumento da produtividade", in Avanço Social – 17.3.2009.

[7] Associação Brasileira dos Advogados Trabalhistas.

[8] LOBATO, Marthius Sávio Cavalcante. *O valor constitucional para a efetividade dos direitos sociais nas relações de trabalho*. Ed. LTr, 2006, p. 147.

[9] Ibid., p. 148.

A Desembargadora Sônia das Dores Dionízio registra que "o processo trabalhista considerado pioneiro na abordagem do assédio moral no Brasil veio do Espírito Santo. Nele, o Tribunal Regional do Trabalho da 17ª Região classifica e enquadra como assédio moral as perseguições sofridas por um técnico de publicidade e propaganda.

Ela afirma também que:

> A tortura psicológica, destinada a golpear a autoestima do empregado, visando forçar sua demissão ou apressar sua dispensa, através de métodos que resultem em sobrecarregar o empregado de tarefas inúteis, sonegar-lhe informações e fingir que não o vê, resulta em assédio moral, cujo efeito é o direito à indenização por dano moral, porque ultrapassa o âmbito profissional, eis que minam a saúde física e mental da vítima e corrói a sua autoestima (RO n. 1315.2000.00.17.00.1).

Esse foi o primeiro caso sobre assédio moral julgado no Brasil,[10] em 20 de agosto de 2002:

> RECORRENTES: HARALD PROTRATZ E SENAI/ES. RECORRIDOS: OS MESMOS. ORIGEM: RT 1315/2000 – 5ª VARA DO TRABALHO DE VITÓRIA. RELATOR: JUÍZA SÔNIA DAS DORES DIONÍSIO. REVISORA: JUÍZA MARIA DE LOURDES VANDERLEI E SOUZA. EMENTA: ASSÉDIO MORAL – CONTRATO DE INAÇÃO – INDENIZAÇÃO POR DANO MORAL – A tortura psicológica, destinada a golpear a autoestima do empregado, visando forçar sua demissão ou apressar sua dispensa através de métodos que resultem em sobrecarregar o empregado de tarefas inúteis, sonegar-

---

[10] Essa decisão na íntegra, pode ser pesquisada em: <http://roseanepinheiro.blogspot.com.br/2009/10/primeira-decisao-sobre-assedio-moral.html>.

-lhe informações e fingir que não o vê, resultam em assédio moral, cujo efeito é o direito à indenização por dano moral, porque ultrapassa o âmbito profissional, eis que mina a saúde física e mental da vítima e corrói sua autoestima. No caso dos autos, o assédio foi além, porque a empresa transformou o contrato de atividade em contrato de inação, quebrando o caráter sinalagmático do contrato de trabalho, e, por consequência, descumprindo sua principal obrigação que é a de fornecer o trabalho, fonte de dignidade do empregado. Recurso improvido.

Depois desse primeiro caso, aumentou muito o número de ações judiciais na Justiça do Trabalho e também no Ministério Público do Trabalho envolvendo assédio moral, conforme se verifica diariamente nas reportagens publicadas na imprensa especializada.

Contudo, as iniciativas para conter o crescimento do número de ações judiciais por assédio moral ainda são muito tímidas.

O Projeto de Lei de número 4.742, que está desde o ano de 2001 aguardando votação na Câmara Federal, em Brasília, pretende introduzir no Código Penal Brasileiro o artigo 146-A, que tipifica o crime de assédio moral no trabalho como sendo: "a desqualificação por meio de palavras, gestos ou atitudes da autoestima, segurança ou imagem do servidor público ou empregado, em razão de vínculo hierárquico funcional ou laboral".

Hoje, a globalização da economia, a competitividade, as metas, os desafios e a falsa ideia de "gestão moderna"[11] criaram um paradoxo ao tentar conciliar capital e trabalho. A tendência é o crescimento do assédio, caso nenhuma medida seja tomada.

---

[11] No livro *Direito, Globalização e Barbárie*, o Juiz Sérgio Alberto de Souza aborda o "direito do trabalho e os direitos humanos sob a ótica de uma leitura não liberal", apontando a fúria neoliberal, a necessária proteção aos direitos humanos e aos direitos sociais na ótica da empresa moderna.

Por isso, se quisermos um País justo, verdadeiramente democrático e moderno, é de suma necessidade que as relações de trabalho sejam definitivamente humanizadas.

Repercutem também os valores das condenações impostas às empresas em virtude do assédio moral. A jurisprudência vem consolidando-se no sentido de considerar que: "(...) a indenização tem caráter quase pedagógico e deve atender à gravidade do fato e à sua representatividade para o agente causador do dano, não tendo preço a dor. Asseverou que a honra de empregado que recebe R$ 172,12 não é menor do que a de quem recebe R$ 3.000,00, de modo que não pode a lesão ser medida pelo salário do empregado".[12]

Um estudo do jurista Robson Zanetti[13] sobre os custos trazidos pelo assédio moral demonstra que "o assédio moral é um problema de saúde pública e seu custo é muito elevado sob o ponto de vista econômico-financeiro para a sociedade, e também possui um custo humano".

Nesse estudo Zanetti[14] aponta que "quanto maior o percentual de pessoas assediadas, maior será o custo do assédio, logo, o melhor caminho para evitar custos com o assédio moral é trabalhar de forma preventiva".[15]

---

[12] Decisão Proc. n. TST-RR-533.306/1999.9, de 3.9.2004.

[13] Robson Zanetti é advogado em Curitiba. Doctorat Droit Privé Université Panthéon Sorbonne. Corso Singolo Diritto Processuale Civile e Diritto Fallimentare Università degli Studi di Milano. robsonzanetti@robsonzanetti.com.br

[14] Indico também para leitura desse mesmo autor: <http://www.robsonzanetti.com.br/v3/docs/livro_robson_zanetti_assedio_moral.pdf>.

15 Fonte: Jornal O Estado do Paraná – 1.6.2009. Link: <http://www.parana-online.com.br/noticias/index.php?op=ver&id=339003&caderno=5>.

PARTE II

ASSÉDIO MORAL E A DISCRIMINAÇÃO RACIAL,
SEXUAL, DE GÊNERO, DE IDADE E DE CONDIÇÃO SOCIAL

- O Assédio moral e a discriminação da mulher
- A discriminação por orientação sexual
- Direitos sexuais
- A discriminação por idade
- Legislação e casos concretos

Artigo 5º, inciso XLI, da nossa Constituição Federal:
a lei punirá qualquer discriminação atentatória dos direitos e liberdades fundamentais.

Assédio moral e a discriminação no ambiente de trabalho

O ato de discriminar consiste em inferiorizar outros tentando se mostrar superior. É o preconceito que ocorre quando se coloca apelidos racistas e quando se inferioriza as pessoas de classes sociais mais baixas etc.

A professora Adriana Calvo diz que:

> A discriminação nas relações de trabalho pode ser direta, pela adoção de disposições gerais que estabelecem distinções baseadas em critérios proibidos, e indireta, relacionada com situações, regulamentações ou práticas aparentemente neutras, mas que, na realidade, criam desigualdades em relação a pessoa que tem as mesmas características.[1]

Segundo define a Convenção n. 111, da OIT,[2] que trata da Discriminação no Emprego e na Profissão, qualquer distinção, exclusão ou preferência com base em etnia, cor, sexo, religião, opinião política, origem social que anule ou altere igualdade de oportunidades ou de tratamento no emprego ou na ocupação, será considerada uma discriminação.

---
[1] A discriminação no ambiente de trabalho e o papel do Ministério Público do Trabalho, por Adriana Calvo, disponível em: <http://www.calvo.pro.br/>.
[2] Ratificada pelo Brasil em 1968, por meio do Decreto 62.150/1968.

Estabelece a Diretiva do Conselho da Comunidade Econômica Europeia n. 2000/78/CE, ao tratar sobre a igualdade de tratamento no emprego e na atividade profissional, que:

> (...) o assédio é considerado discriminação sempre que ocorrer um comportamento indesejado relacionando a religião ou crença, deficiência, idade ou orientação sexual com o objetivo ou o efeito de violar a dignidade de uma pessoa e de criar um ambiente de trabalho intimidativo, hostil, degradante, humilhante ou desestabilizador. Nesse contexto, o conceito de "assédio" pode ser definido em conformidade com as legislações e práticas nacionais de estados membros.

A discriminação que resulta no assédio moral no trabalho é a que se destaca principalmente por ser praticada contra os negros, as mulheres e as mulheres negras, os portadores de algum tipo de deficiência física, a mulher quando se encontra isolada em um grupo de homens,[3] o homem quando minoria em um grupo de mulheres.

Igualmente, sofrem discriminação aqueles que têm crença religiosa ou orientação sexual diferente daquele que assedia ou do grupo, quem tem limitação de oportunidades por ser mais jovem e especialista que os demais, os portadores de HIV ou doenças graves, as pessoas obesas, as mães solteiras, as pessoas com deficiência física e aqueles que vivem sós.

Segundo a psicanalista francesa Hirigoyen,[4] neste universo se verifica entre os assediados que, com relação ao sexo, 70% são mulheres e 30% são homens.

---

[3] Especificamente, sobre assédio sexual veja nossa cartilha: <http://www.inacioepereira.com.br/publicacao/CartilhaAssedioMoral.pdf>.

[4] HIRIGOYEN, Marie-France. *Mal-estar no trabalho:* redefinindo o assédio moral. Rio de Janeiro, Ed. Bertrand Brasil. 2002, p. 95, 99, 123.

A discriminação é reprimida em nossa Constituição Federal pois o artigo 5º diz:

> Todos são iguais perante a lei, sem distinção de qualquer natureza, garantindo-se aos brasileiros e aos estrangeiros residentes no País a inviolabilidade do direito à vida, à liberdade, à igualdade, à segurança e à propriedade, nos termos seguintes:
> (...)
> X – São invioláveis a intimidade, a vida privada, a honra e a imagem das pessoas, assegurado o direito de indenização pelo dano material ou moral decorrente de sua violação.

Também a Lei Federal n. 9.029, de 13.4.1995, trata da discriminação, proibindo a adoção de qualquer prática discriminatória e limitativa para efeito de acesso à relação de emprego ou sua manutenção por motivo de sexo, origem, raça, cor, estado civil, situação familiar ou idade.

Essa lei n. 9.029 considera que é prática discriminatória contra a mulher a exigência de declarações, exames e medidas congêneres relativos à esterilização ou estado de gravidez.

Outra lei federal, n. 9.799, de 26.5.1999, reitera os preceitos constitucionais sobre discriminação, coibindo, por exemplo, a utilização de critérios ou referências a sexo, cor e idade em anúncios de emprego, em critérios de promoção ou admissão.

Mas, segundo a jurisprudência pesquisada,[5] podem, ainda, ser consideradas assédio por discriminação as seguintes situações:

• pagar salário diferenciado com base no gênero;[6]

---

[5] Exemplos não faltam. Por isso recomendo pesquisar a importante obra de Paulo Sérgio Jakutis, Juiz Titular da 18ª Vara do Trabalho de São Paulo, editada pela LTr, em 2006, *Manual de Estudo da Discriminação no Trabalho*, p. 74 em diante.

[6] Sobre esse tópico, cf. estudo na parte que trato da discriminação da mulher e do negro.

- estimular competitividade predatória e individualismo;[7]
- ressaltar as deficiências profissionais;
- fazer ameaça a sindicalizados;[8]
- desviar a função como forma de punir;
- jornada de trabalho superior à de cada categoria e horas extras acima do estipulado em lei;
- pagar prêmios diferenciados no serviço público;[9]
- dispensar tratamento diferenciado em razão da cor da pele, religião, classe social, opção sexual, obesidade ou sobrepeso e deficiências;[10]
- colocar apelidos destinados a ofender e denegrir o trabalhador.

No estado de São Paulo, há a Lei Estadual n. 11.199, de 12 de julho de 2002, que estabelece punição para quem discriminar portadores do vírus HIV, pessoas que possuem Aids, e pune com multa de 10.000 vezes o valor da UFESP (Unidade Fiscal do Estado de São Paulo) quem a infringe.

Não obstante, o estado de São Paulo também foi o primeiro a editar uma lei visando coibir a homofobia. Encontra-se em vigor desde o ano de 2001 a lei n. 10.948, que pune com multa manifestações discriminatórias contra homossexuais.[11]

---

[7] Sobre isso ocorrem situações absurdas como aquela na qual o gerente de um banco, para aumentar as vendas, sugeria às empregadas que fossem para a cama com os clientes. In <http://www.24horasnews.com.br/index.php?mat=373347>. Esse grande banco foi condenado a pagar uma indenização de R$ 35 mil reais.

[8] Certa vez, denunciei uma empresa no MPT/SP, pois, às vésperas de uma greve em face da campanha salarial, ela obrigou todos os associados do sindicato a assinar o pedido de desfiliação e os enviou por fax ao sindicato.

[9] Isso vem ocorrendo na área da Educação Estadual, que vem pagando prêmios e bônus diferenciados aos professores e diretores das unidades de ensino em detrimento dos funcionários; por conta disso ingressamos em nome desses com uma ação de dano moral coletivo discutindo a discriminação desses critérios.

[10] Sobre esse assunto, cf. tópico específico mais adiante.

[11] Cf. reportagem sobre esse assunto publicada na *Revista Visão Jurídica*, p. 72 em diante, a qual inclusive cita casos concretos de aplicação de multa.

Outra lei estadual que trata da intolerância racial foi aprovada recentemente. Trata-se da Lei 442/10, que "prevê o pagamento de multa de até R$ 65 mil contra quem for condenado pela prática de intolerância racial. Pela nova norma, a Secretaria da Justiça e da Defesa da Cidadania passa a ter autoridade para instaurar processo administrativo contra pessoas físicas ou jurídicas flagradas em atos de discriminação de cor ou raça".

Embora haja uma lei federal que já fixe uma punição somente para pessoas físicas, essa nova lei também poderá punir a pessoa jurídica com multa, suspensão ou cassação da licença de funcionamento, inclusive, os servidores públicos estão ao alcance da norma estadual.

Essa lei prevê que a multa não poderá ser inferior a R$ 8.210 ou 500 UFESPs (Unidades Fiscais do Estado de São Paulo). Mas essa nova lei estadual também tem um caráter educativo, pois segundo o governo a intenção não é só punir, destacando-se o enfoque preventivo, mas também educar a população.

"Segundo a nova lei, será considerado ato discriminatório proibir ou impor constrangimento ao ingresso e permanência em ambiente ou estabelecimento aberto ao público. Além de recusar e impedir o uso de serviços, meios de transporte ou de comunicação."[12]

Segundo a OIT, a discriminação compreende qualquer "distinção, exclusão ou preferência fundada em raça, cor, sexo, religião, opinião política, ascendência nacional, origem social ou outra distinção (...) e que tenha por fim anular ou alterar a igualdade de oportunidades ou de tratamento no emprego ou profissão".[13]

---

[12] Fonte: site *Conjur* de 19.7.2010.
[13] Artigo 1º, da Convenção OIT n. 111 de 1958.

Marthius Sávio Lobato, citando o artigo 1º da *Declaração Sociolaboral* que inseriu princípios de proteção aos direitos humanos fundamentais, destaca a redação do citado artigo que trata da não discriminação no trabalho, o qual preceitua:

> Art. 1º – Todo trabalhador tem garantia à igualdade efetiva de direitos, tratamento e oportunidade no emprego e ocupação, sem distinção ou exclusão por motivo de raça, origem nacional, cor, sexo ou orientação sexual, idade, credo, opinião política ou sindical, ideologia, posição econômica ou qualquer outra condição social ou familiar, em conformidade com as disposições legais vigentes.[14]

Caso concreto cuidado pelo autor: Agressão e discriminação racial ocorrido no serviço público estadual

Um caso de assédio e discriminação racial de que cuidei recentemente ocorreu em um Hospital Público Estadual e foi sentenciado pela Justiça de São Paulo em outubro de 2009. O Juiz da 7ª Vara da Fazenda Pública de São Paulo reconheceu que o diretor daquele Hospital Público ofendeu e agrediu três servidoras durante uma manifestação liderada pelo sindicato da categoria, com os seguintes termos: "você está muito gorda e tampa até o portão com o próprio corpo"; "negra loira"; "porca"; "cambada de porcas", "umas gordas, umas porcas, um bando de desocupadas" e, ainda, ameaçou-as dizendo que iria suspender seus salários e baixar seus prêmios de incentivos,

---

[14] A íntegra dessa Declaração está nas páginas 154-156, da obra de LOBATO, Marthius Sávio Cavalcante. *O valor constitucional para a efetividade dos direitos sociais nas relações de trabalho.* Ed. LTr, 2006.

pois em seu hospital não eram permitidos movimentos grevistas.

O diretor desse hospital ainda retirou o crachá que estava preso sobre os seios de uma delas, introduzindo suas mãos dentro da blusa da servidora e praticando ato atentatório ao pudor. Esses fatos foram praticados pelo diretor do hospital em local aberto ao público, fazendo com que as ofendidas passassem por constrangimentos, humilhações, ofensas e, inclusive, ocasionando abalo à saúde de uma delas.

O juiz considerou que ficou "provado no processo que durante a manifestação promovida pelo sindicato dos trabalhadores ligados à área da saúde, e que reivindicavam melhores salários, e quando se encontravam na parte externa do hospital, ali chegou o diretor (...) e começou a gritar com os funcionários, afirmando que iria descontar as horas paralisadas, inclusive com a suspensão do pagamento do prêmio de incentivo, e foi quando o diretor arrancou o crachá de dentro das vestes da autora (...); que o diretor também chamou a autora (...) de 'nega loira', ameaçando-a de suspender o pagamento de prêmio de incentivo que ela recebia".

Para ele "a prova produzida revela mais do que excessos verbais, com emprego de palavreado grosseiro, rústico e vulgar, sem sombra de dúvida, mas, afinal, incompatível com o fato de partir do médico diretor do hospital, habituado ao uso de linguagem culta, às regras de protocolo ou etiqueta".

E arremata: "a conduta do diretor do hospital, ao tentar, com as próprias mãos, debelar o movimento paredista do qual participavam as autoras, acabou caracterizando uma conduta abusiva, merecendo reparação".

Por isso o Governo do Estado deverá indenizar cada uma das servidoras no valor equivalente a 10 salários mínimos vigentes à época do efetivo pagamento, acrescidos de juros de mora, à razão de 6% ao ano, para "reparação do dano moral, além da compensação às lesadas, (...) como desestímulo ao que causou a lesão, inibindo a repetição da conduta ilícita".

O Governo recorreu e, quando esse processo chegou ao TJSP, foi designado o Desembargador Guerrieri Rezende para Relator, que proferiu o voto n. 30.359, julgado em 26.10.2010, mantendo a decisão original. Ele foi acompanhado na íntegra pelos demais Desembargadores da 7ª Câmara de Direito Público (Ap. Cível 990.10.200027-3), cujo voto está assim resumido:

> Ementa:
> I – Ordinária. Ofensas verbais vindas de superior hierárquico durante movimento grevista. Indenização por danos morais – Responsabilização do Poder Público – Admissibilidade – Demonstrada a imprudência do funcionário da ré em ofender suas funcionárias, o que enseja a responsabilidade estatal.
> II – Responsabilidade civil – "Teoria do Risco Administrativo" – as pessoas jurídicas de Direito Público interno respondem pelos danos causados a terceiros, seja por ato omissivo ou comissivo de seus prepostos – Artigo 37, § 6º, da Carta da República. Desnecessárias outras provas, pois a simples comprovação da lesão causada pelo ente público, seja por meio de seus agentes ou não, é suficiente para ensejar a sua reparação.
> III – Os danos sofridos pelas postulantes, na realidade, não têm uma quantificação definida. Há uma linha muito tênue entre a determinação do valor indenizatório e o enriquecimento injustificado. Assim, com extrema cautela e o prudente arbítrio do Julgador, deve-se sopesar tais dados, observando a dor e a aflição das requerentes. Correta a fixação do dano moral em dez salários mínimos para cada uma das autoras.
> IV – Sentença de parcial procedência. Recursos improvidos.

Assédio moral e discriminação racial

A discriminação racial e de gênero se confundem e, por vezes, surgem como pano de fundo para a ocorrência do assédio moral no ambiente de trabalho.

É fato público e notório que as mulheres negras são as mais atingidas pelas desigualdades e pelas discriminações de cunho racista. A começar, porque em geral são preteridas no momento da seleção e, quando conseguem o emprego, são colocadas em funções mais vulneráveis e menos qualificadas, recebendo salário menor que o das brancas.

O mesmo ocorre com os trabalhadores negros em relação aos brancos. São raros os que conseguem obter uma colocação em condições superiores a dos brancos.

"Números incluídos na publicação *'Desigualdade Racial em Números – coletânea de indicadores das desigualdades raciais e de gênero no Brasil'*, organizada pela coordenadora-geral de Criola, Jurema Werneck, apontam o perfil salarial médio de 36 empresas no ano 2000."[1]

Werneck indica que, "nos cargos de diretoria, o salário médio de homens brancos que ocupavam cargos de diretoria era de R$ 19.268. A remuneração média de homens negros chegou a R$ 16.677, enquanto a de mulheres brancas foi de

---

[1] Cf. em <http://www.assediomoral.org/spip.php?article177. A mão de obra mais barata do mercado: a da mulher negra. Texto de Alfredo Boneff, fonte: IBASE.

R$ 11.617. Simplesmente não houve registro de mulheres negras e pardas em cargos de diretoria".[2]

E prossegue:

> À exceção dos cargos gerenciais, nos quais as mulheres negras ganhavam, em média, R$ 6.457, e as brancas R$ 6.415, nas funções administrativas e de produção a remuneração das negras foi, invariavelmente, bem menor. Esses dados fazem parte dos Indicadores de Desempenho Social da Caixa de Previdência dos Funcionários do Banco do Brasil (Previ).

"Ser negro é um impedimento para assumir cargos de qualificação", avalia Edna Muniz, assistente social e coordenadora de saúde do Ceert. Ela cita o "Mapa da População Negra no Mercado de Trabalho no Brasil", estudo feito pelo Instituto Sindical Interamericano pela Igualdade Racial (Inspir), em 1999, a partir de dados do Dieese/Seade. O Ceert atuou como orientador nas questões de gênero e raça.

Entre outros números, a pesquisa aponta que, no Distrito Federal, nada menos que 45% das mulheres negras trabalhavam em atividades consideradas vulneráveis.[3]

A cor e o gênero influenciam as carreiras dos funcionários nas instituições bancárias. A constatação é de pesquisa feita no ABN Amro, antigo Banco Real, pelo Observatório Social, organização ligada à CUT (Central Única dos Trabalhadores).

A realidade do ABN reflete a dos demais bancos, segundo a coordenadora do estudo, Márcia Miranda Soares. "A desigualdade de gênero e raça é uma realidade no setor bancário e financeiro", afirma.[4]

---

[2] Fonte: <http://www.assediomoral.org.br/spip.php?article177>.

[3] Ibid.

[4] Fonte: <http://www.assediomoral.org.br/spip.php?article175>.

Arrematando, a pesquisa aponta que

entre os 22.393 funcionários do banco, apenas 9,7% são negros (pretos e pardos), de acordo com o relatório divulgado neste mês. Os negros também ocupam funções com salários inferiores – o teto máximo não chega aos R$ 2.000. A desigualdade é ainda maior nos cargos de chefia. Na diretoria não há nem negros, nem negras, e apenas 2% dos negros são gerentes.[5]

Caso concreto de racismo, analisado pela Justiça do Trabalho

Empresa é condenada a pagar indenização por racismo

Uma empresa foi condenada na Justiça do Trabalho de Minas Gerais a pagar dano moral à empregada, vítima de ato de discriminação racial praticado por seu superior hierárquico. Como foi apurado no processo, o gerente referiu-se à reclamante como "neguinha", na frente de colegas de trabalho, de forma rude e agressiva, ato considerado discriminatório pelo Direito do Trabalho. Ao relatar o recurso interposto pela empresa e julgado pela 2ª Turma do TRT-MG, a juíza convocada Maria Stela Álvares da Silva Campos, destacou: "A reclamada, por seu gerente, fez diferenciação da empregada por um pensamento usual e tão dolorosamente combatido na sociedade que é valoração das diferenças entre as raças, em uma crença que os traços físicos e culturais qualificam os seres humanos em superiores ou inferiores. O Direito do Trabalho não permite que o empregado, em seu labor, seja discrimi-

---

[5] Ibid.

nado, insultado e ultrajado. Aliás, a conduta é banida pela própria Carta Republicana, que no seu pilar de constituição, que é o preâmbulo, assegura a igualdade e a justiça como valores supremos de uma sociedade fraterna, pluralista e sem preconceitos".

A reclamante trabalhava nas dependências da segunda reclamada, como prestadora de serviços terceirizados, na função de ajudante industrial. De acordo com as testemunhas ouvidas, ela estava empacotando cigarros, com os demais colegas de trabalho, quando ouviu assovios seguidos de gritos do superior hierárquico, que a tratou de forma discriminatória e sarcástica. Dois dias depois, na presença de três testemunhas, o gerente ameaçou a reclamante com a dispensa sumária, caso houvesse qualquer denúncia acerca do incidente.

Considerando esses fatos, a Turma manteve o valor da condenação por danos morais, fixada em 50 salários mínimos. Além da empregadora direta da reclamante (empresa de terceirização de mão de obra, a quem cabia zelar pelas condições favoráveis ao trabalho, bem como pela integridade física e moral da autora), responde pela condenação a empresa tomadora de serviços, que se beneficiou do trabalho da reclamante e também porque é a empregadora direta do ofensor" (TRT-MG – RO n. 01131-2007-134-03-00-8).

* * *

Ainda sobre a ocorrência de discriminação racial, destaco as seguintes decisões judiciais trabalhistas extraídas do site da Justiça do Trabalho:

Danos Morais – Discriminação Racial – Impossibilidade de Imputação ao Empregador – Problema de Natureza Pessoal. A eventual discriminação racial, cuja imputação seria atribuída ao chefe imediato do reclamante, não implica no endosso do empregador e nem pode causar efeitos na relação de trabalho. Ademais, a reclamada é uma empresa paraestatal e só seria responsável por atos de sua direção e não das chefias de pequeno escalão (TRT 3ª R. – 3T – RO/3790/98 – Rel. Juiz José Miguel de Campos, DJMG 20/07/1999 – P6).

Ementa: Discriminação nas Relações de Trabalho – Raça Negra. Por direito e lei, firmemente repudiado em nosso país, qualquer ato de discriminação em função de cor, raça, sexo, idade, religião ou condições especiais e individuais que diferencie a pessoa. Nas relações de trabalho, especialmente, não se pode tolerar atos discriminatórios e humilhantes impingidos ao empregado de raça negra, com ofensas verbais assacadas contra sua pessoa em função exclusiva da cor de sua pele. Fatos como tais devem ser denunciados, sempre, a fim de que não se torne comum e usual a violação de um direito garantido constitucionalmente, reforçando preconceito e prática discriminatória inaceitável. RO a que se dá provimento para fixar indenização por danos morais, em função da violação da honra e do sentimento de dignidade própria do empregado, que, como qualquer outra pessoa, merece apreço e respeito de seus superiores hierárquicos, não podendo aceitar ou resignar-se com frases como "negro safado", "crioulo", ou "se voltasse a escravidão eu iria te colocar no tronco". O dano moral, íntimo, irreparável, mas o ato discriminatório pode e deve ser estancado por esta Justiça (TRT 3ª R. – 1T – RO/5207/99 – Rel. Juiz Washington Maia Fernandes – DJMG 19/05/2000 – P. 08).

Discriminação Racial no Emprego – Reintegração. Embora o TRT tenha sustentado que não houve discriminação racial na despedida do autor, as premissas fáticas identificadas no acórdão recorrido revelam que ela existiu. Diante dessa circunstância e levando-se em conta os aspectos sociais que envolvem o tema, deve ser invocada a responsabilidade objetiva do empregador pelos atos praticados pelo seu empregado ou preposto no exercício do trabalho que lhe competia, mesmo que, tal como consignado pelo colegiado de origem, à época da dispensa aquele desconhecesse os atos perpetrados por este. Esclareça-se que o empregador, ao recorrer aos serviços do preposto, está delegando poderes a ele inerentes, não podendo, portanto, eximir-se de responsabilidade. Também como fundamento, deve ser registrado que o ordenamento jurídico pátrio, desde as constituições anteriores, repudia o tratamento discriminatório, seja pelos motivos, dentre outros, de raça, cor e religião. Destarte, os princípios constitucionais, associados aos preceitos legais e às disposições internacionais que regulam a matéria, autorizam o entendimento de que a despedida, quando flagrantemente discriminatória, deve ser considerada nula, sendo devida a reintegração no emprego. Inteligência dos arts. 3º, inciso IV, 4º, inciso VIII, 5º, "caput" e incisos XLI e XLII, e 7º, inciso XXX, da Constituição Federal, 8º e 9º da CLT e 1521, inciso III, do Código Civil e das Convenções n. 111/58 e 117/62 da OIT. Recurso conhecido e provido. (Tribunal: TST – 1ªT. RR 381531/97 da 3ª Região – j 12.12.2001. Rel.: Ministro Ronaldo José Lopes Leal. – DJ 15.02.2002) In. Repertório de Jurisprudência do site do TST.

Assédio moral e discriminação da mulher

No campo trabalhista, a discriminação da mulher assume proporções sem iguais. Quem mais sofre violência moral no trabalho são as mulheres, conforme aponta estudo de Margarida Barreto,[1] no qual assinala que "para as mulheres o ambiente de trabalho é mais perverso, pois além do controle e da fiscalização, são discriminadas".

Ela alerta que, quando assediados, os homens apresentam um "sofrimento desesperador que desestrutura a si mesmo e a família. Enquanto as mulheres aprendem desde cedo que devem submeter-se e calar-se em situações conflitivas, culpando-se, chorando e rebaixando sua autoestima, o homem aprende a rebelar-se e colocar-se, preservando sua dignidade, seu valor".[2]

A lista das formas de discriminação e da perseguição da mulher no ambiente do trabalho é vasta, mas destaco alguns exemplos citados por Margarida Barreto:[3]

- Os constrangimentos começam na procura do emprego. São analisados em detalhes: decote, comprimento de saia, postura ao sentar-se, sonoridade da voz, cor do

---

[1] In *Assédio Moral*: Violência psicológica que põe em risco sua vida. Coleção Saúde do Trabalhador, número 6, jan/2009. do Sindquim/SP.

[2] Ibid.

[3] Extraída da p. 12 da Cartilha do Sindquim/SP, de autoria da Professora Margarida Barreto.

batom, perfume, religião, estado civil, raça/etnia, opção sexual, número de filhos, dentição, moradia perto da empresa, condução própria. Se a altura é inferior a 1,60 é motivo para não ser aceita. Submetem-se a exames muitas vezes desnecessários, cujo objetivo é verificar possíveis alterações na saúde.
* Só podem ir ao banheiro no máximo duas vezes durante a jornada de trabalho. Se demorarem mais que cinco minutos são submetidas a interrogatórios.
* As grávidas são proibidas de sentar durante a jornada. Em muitos casos, chegam a fazer reuniões com as mulheres "proibindo-as" de engravidar.
* As mulheres são as primeiras a serem demitidas, trabalham por mais tempo em "experiência" e, na maioria das vezes, sem qualquer esperança de contrato.
* Suas tarefas são monótonas, repetitivas e de pouca criatividade, justificando, aos olhos do patronato, a desqualificação, o baixo salário, as longas jornadas; e raramente são reconhecidas e promovidas.
* Quando um filho adoece e necessita de cuidados, um chefe a interroga duramente, tentando impedi-la de afastar-se da produção. São proibidas de telefonar ou receber recados, mesmo em casos de urgência em família.
* Quando as mulheres vão a médicos em consequência de doenças adquiridas no trabalho, ao retornarem à empresa são chamadas pelo DP (Departamento de Pessoal) e interrogadas em detalhes quanto ao conteúdo da consulta. Não têm reconhecidas suas doenças.
* São as mulheres as mais impedidas de conversar com as colegas no ambiente de trabalho. Muitas empresas ainda fiscalizam bolsas na saída.
* As mulheres são assediadas sexualmente, com promessas

de promoção ou ascensão, e quando não aceitam são perseguidas ou demitidas.
- Os cursos de aperfeiçoamento são preferencialmente para os homens. São desviadas de função, realizam tarefas inferiores, e a empresa troca seu turno de trabalho sem avisar.
- A cesta básica, em geral, é associada ao número de faltas, atestados médicos ou à produtividade. Os chefetes espalham boatos de que a trabalhadora está com "finginite" e fazem pressão para que peça demissão.
- Quando retomam após licença médica ficam sem função, são colocadas em pé, olhando através de parede de vidros as colegas trabalhando. São "aconselhadas insistentemente" a pedir demissão.
- Visando desmoralizá-las profissionalmente são colocadas para desempenhar funções acima de seu conhecimento ou abaixo de sua capacidade.
- Há, ainda, situações como fazer de conta que a subordinada não existe, é invisível; sobrecarregá-la de trabalho, exigindo urgência, quando isso não é real; dar ordens através de um colega ou deixar várias recomendações em cima da bancada ou mesa, sem qualquer explicação.
- Retiram até mesmo os equipamentos que permitem seu trabalho (telefone, computador, mesa, cadeira etc.). São mudadas de setor, ficam isoladas, sem comunicação com colegas. Os chefes chegam a afirmar que a trabalhadora está com problema mental ou de relacionamento afetivo.

Essa lista é meramente demonstrativa e vai mais além, pois a discriminação da mulher sempre existiu em vários outros segmentos sociais em todo o mundo.

O Professor Estevão Mallet[4] apresentou em palestra proferida no Congresso dos Advogados, promovido pela AASP, no início de 2010, alguns dados ainda mais alarmantes.

Segundo o professor Mallet, em 1873 nos EUA, havia uma lei no Estado de Illinois que proibia a mulher de exercer a advocacia. E, quando questionada, a Suprema Corte dos Estados Unidos manteve essa lei.

Em 1961 uma lei proibiu a mulher de atuar no júri americano. Na Itália, o Código Penal Italiano, em seu artigo 559, punia a mulher adúltera com prisão de até um ano.

No Brasil, o parágrafo único do artigo 466 da CLT – herança do período getulista e revogado apenas em 1989 pela lei 7.855, permitia a rescisão do contrato de trabalho da mulher pelo marido ou pelo pai.

Para Socorro Aguiar, professora da Universidade Federal do Pará – UFPA – e membro do Grupo de Trabalho Etnia, Gênero e Classe do ANDES[5] – Sindicato Nacional, considera que "a palavra de ordem da mulher trabalhadora deve ser, principalmente, pela manutenção do emprego, já que, na hora do corte, as mulheres, principalmente as negras, encabeçam as listas, além da luta contra toda forma de precarização do trabalho feminino".

Mais recentemente outra lei veio proteger a mulher. Trata-se da Lei Maria da Penha (Lei Federal 11.340/06), que criou mecanismos para coibir a violência doméstica e familiar contra a mulher, nos termos do § 8º do art. 226 da Constituição Federal, atendendo assim ao disposto na Convenção sobre a Eliminação de Todas as Formas de Discriminação contra as

---

[4] **Prof. Dr. Estêvão Mallet**, Departamento de Direito do Trabalho e da Seguridade Social, Professor Associado. Mestre em Direito do Trabalho (USP, 1995), Doutor em Direito (USP, 1997). Livre-Docente em Direito do Trabalho (USP, 2000). Docente na USP desde 1998. Professor Associado (24 horas) desde 2000.

[5] Vide a íntegra em Mulheres negras encabeçam listas de demissões, diz diretora do ANDES-SN, <http://www.inacioepereira.com.br/noticias.php?id=517>.

Mulheres e a Convenção Interamericana para Prevenir, Punir e Erradicar a Violência contra a Mulher[6].

Referida lei dispõe sobre a criação dos Juizados de Violência Doméstica e Familiar contra a Mulher, altera o Código de Processo Penal, o Código Penal e a Lei de Execução Penal e dá outras providências.

Essa lei ampliou seus efeitos somente às situações de violência de gênero ocorridas em ambiente doméstico, familiar ou em decorrência de relações íntimas de afeto (artigo 5º), possibilitando a discussão dos efeitos do bullying[7] de gênero no Brasil, que adquire, assim, considerável importância, já que se trata de uma porta, ainda aberta, para a violência de gênero contra a mulher.

Casos concretos de discriminação da mulher no mercado de trabalho

Restaurante deverá indenizar cozinheira pressionada a fazer aborto ou pedir demissão[8]

Na 18ª Vara do Trabalho de Belo Horizonte foi identificado um caso de psicoterror, uma das mais graves violações da intimidade, na visão da juíza titular da Vara, Vanda de Fátima Quintão Jacob. Ficou comprovado que o restaurante reclamado se utilizou de um falso contrato de experiência para dispensar a empregada gestante. Antes da dispensa, a preposta da

---

[6] Disponível em <http://www.pge.sp.gov.br/centrodeestudos/bibliotecavirtual/instrumentos/belem.htm>.

[7] *Bullying* é um termo da língua inglesa (bully = "valentão") que se refere a todas as formas de atitudes agressivas, verbais ou físicas, intencionais e repetitivas, que ocorrem sem motivação evidente e são exercidas por um ou mais indivíduos, causando dor e angústia, com o objetivo de intimidar ou agredir outra pessoa sem ter a possibilidade ou capacidade de se defender, sendo realizadas dentro de uma relação desigual de forças ou poder. Fonte: <http://www.brasilescola.com/imprimir/7594/>.

[8] Fonte: site do TST.

empresa, desconfiada da gravidez da empregada, sugeriu que ela fizesse um aborto e, ainda, insistiu para que ela pedisse demissão caso optasse por ter a criança. Ou seja, a gestante, que tinha direito à estabilidade, foi obrigada a escolher entre duas alternativas: o aborto ou a demissão. Manifestando sua indignação diante da conduta patronal, a magistrada concluiu que o empregador deve responder pela prática de violência psicológica, que causou danos ao patrimônio subjetivo da reclamante.

De acordo com a versão apresentada pela trabalhadora, sua superiora hierárquica a aconselhou a abortar, alegando que ela não poderia continuar trabalhando grávida, já que as gestantes não seriam poupadas dos serviços pesados. A cozinheira chefe desconfiou da gravidez da reclamante e de outra empregada, porque as duas passavam mal no local de trabalho, apresentando quadro de enjoos, além de sangramentos. A reclamante contou que ainda não tinha conhecimento da sua gravidez, mas, visando à manutenção do seu emprego, tentou justificar os sintomas, dizendo, por exemplo, que os enjoos eram decorrentes de ressaca. Porém, a cozinheira chefe não acreditava nessas justificativas e sempre pressionava as empregadas a pedirem demissão.

Na avaliação da juíza, o conjunto de provas foi suficiente para confirmar as alegações da trabalhadora. Conforme acentuou a julgadora, é evidente o assédio moral sofrido pela reclamante, o que ofendeu a sua dignidade de pessoa humana e os valores sociais do trabalho, além de revelar preconceito e discriminação em relação à empregada gestante, em clara violação aos princípios que orientam o Direito trabalhista. A magistrada salientou que o objetivo do instituto da estabilidade é proteger a saúde da mãe e da criança, sendo irrelevante que a prática do ato ilícito tenha ocorrido antes da confirmação da gravidez, pois a garantia de emprego existe mesmo que o empregador desconheça o estado gravídico de sua empregada.

A juíza constatou ainda que a reclamante foi contratada em dezembro de 2008 e, em janeiro de 2009, a empresa anotou um falso contrato de experiência na carteira de trabalho, já com a intenção de dispensar a empregada estável, burlando a legislação trabalhista. Portanto, em razão do período real trabalhado pela reclamante, a juíza sentenciante concluiu que deveriam prevalecer os efeitos do contrato por prazo indeterminado. Por isso, ela declarou inválido o contrato de experiência e condenou o restaurante ao pagamento de indenização substitutiva decorrente da estabilidade da gestante, bem como de uma indenização, fixada em R$ 10.000,00, para reparar os danos morais sofridos pela trabalhadora.[9]

Veja a seguir mais dois casos concretos:

Discriminação por gravidez gera dano moral[10]

Ao analisar o caso de uma trabalhadora gestante, que alegou ter passado a sofrer humilhação e discriminação, a 4ª Turma do TRT-MG concluiu que a empregadora diferenciou e oprimiu a empregada em razão de sua gravidez.

Segundo explicou o desembargador Júlio Bernardo do Carmo, relator do recurso da empresa, as testemunhas ouvidas no processo confirmaram os atos de discriminação cometidos contra a empregada. Após a comunicação da gravidez, ela foi lotada em uma equipe composta por empregados que, por alguma razão, não correspondiam às expectativas da empresa, como

---

[9] Fonte: <http://www.jusbrasil.com.br/noticias/2528400/restaurante-devera-indenizar-cozinheira-pressionada-a-fazer-aborto-ou-pedir-demissao>.
[10] Revista Digital Proteção – 26.3.2010.

aqueles que faltavam muito ao trabalho ou haviam sido licenciados pelo INSS.

O relator acrescentou que, além de ser deslocada para uma equipe especial, ficou demonstrado que a supervisora se referia à reclamante como lerda, tendo determinado que a buscassem no banheiro, sob o argumento de que a gravidez não era justificativa para que a trabalhadora extrapolasse o tempo permitido para essa finalidade, o que foi tratado em reunião, diante de outros empregados.

"Assim, por certo que ocorreu o dano moral alegado, tendo em vista o ato ilícito praticado pela reclamada. E havendo o dano, o nexo causal e a culpa da reclamada, devida é a indenização por dano moral, corretamente fixada pelo juízo a quo em R$ 10.000,00 (dez mil reais), considerando a gravidade do dano sofrido, o caráter pedagógico da indenização e a capacidade financeira da reclamada" – finalizou o magistrado, no que foi acompanhando pela Turma julgadora.[11]

Funcionária de empresa era chamada de "negrona" e será indenizada[12]

A 2ª Turma do Tribunal Regional do Trabalho de Santa Catarina reformou parte da sentença de primeira instância que havia negado o pedido de funcionária de empresa de indenização por danos morais decorrente de racismo – ato discriminatório racial. Os juízes de segunda instância condenaram a ré ao pagamento de uma indenização no valor de R$ 5 mil.

Na inicial, a autora afirmou que foi discriminada pelo gerente da empresa em razão de sua cor de pele. A ré negou as declarações, dizendo que a referida fun-

---

[11] Fonte: <http://revistaprotecao.net/site/content/noticias/noticia_detalhe.php?id=AJjyAn&pagina=32>.
[12] Fonte: Tribunal Regional do Trabalho de Santa Catarina – 27.8.2009

cionária a auxiliou por diversas vezes em momentos de dificuldades. As testemunhas da empregada relataram que o gerente da empresa a chamava de negrona, inclusive na frente de clientes e funcionários. Já as da ré informaram que nunca presenciaram ato discriminatório e que ele a ajudava, tendo realizado uma "vaquinha" para destinar dinheiro à autora.

No entendimento da juíza Miriam Maria D'Agostini, da 3ª Vara do Trabalho de São José, as provas testemunhais não comprovaram o dano moral.

A autora recorreu da sentença ao TRT, alegando que ficou comprovado que era chamada de negrona. Na contestação, a ré disse que, além do preposto ter ajudado a autora, ele era casado com uma mulher bem mais morena do que ela.

Analisando a matéria, o juiz Alexandre Luiz Ramos não aceitou os argumentos da ré. "A forma civilizada de referir-se às pessoas, independentemente do sexo, raça, altura, religião etc., é pelo nome civil, sendo discriminatório qualquer tratamento que evidencia características próprias da pessoa em detrimento das demais, como chamar de negro, gordo, baixinho", relatou.

Assédio moral e discriminação por orientação sexual

Como visto até aqui, o assédio moral geralmente atinge a intimidade e a privacidade das pessoas, o que ocorre, por exemplo, no monitoramento do(a) trabalhador(a) desde uma simples ida ao banheiro até a quebra de sua privacidade com a leitura de seus e-mails e correspondências.

Os membros do grupo LGBT (lésbicas, gays, bissexuais e os transexuais) são as maiores vítimas do assédio moral horizontal, aquele praticado pelos colegas de trabalho, que vai desde gracejos, perseguições, até a violência no ambiente do trabalho.

São vítimas também da discriminação desde o recrutamento, bem como nas promoções, nas demissões e nas condições de trabalho.

Os homossexuais são discriminados não apenas pelo grupo, mas também pela omissão da chefia que se mostra conivente com tal conduta. São discriminados também em seus direitos previdenciários, como nos casos em que não há reconhecimento da relação/união estável, nos casos de adoção de filhos e na busca do direito à partilha e herança.

Tramita no Senado Federal um Projeto de Lei, o PLC 122/06, que torna crime a prática de homofobia. Este PL, de autoria da deputada Iara Bernardi, busca coibir o preconceito contra gênero, portadores de deficiência, idosos, orientação sexual e identidade de gênero. Este PL já foi aprovado na Câmara dos Deputados e, agora, tramita no Senado Federal.

A senadora Fátima Cleide (PT-RO), a relatora do projeto no Senado, após amplo debate com organizações sociais, apresentou um substitutivo para ampliar seu alcance, visando combater a discriminação como um todo, contra raças, cor, religiões, idosos, deficientes físicos e orientação sexual.

Também já existe no âmbito do Governo Federal o Programa Brasil Sem Homofobia, que busca combater a violência e a discriminação contra pessoas LGBT[1] e na promoção da cidadania desse grupo social.

Uma novidade recente foi trazida pela Lei n. 11.768, de 14 de agosto de 2008, que impede o governo de oferecer financiamento público para empresas que forem condenadas por terem praticado ou permitido o assédio moral ou sexual.

Diz o art. 91 desta lei que:

> As agências financeiras oficiais de fomento, respeitadas suas especificidades, observarão as seguintes prioridades:
> (...)
> § 1. É vedada a concessão ou renovação de quaisquer empréstimos ou financiamentos pelas agências financeiras oficiais de fomento:
> (...)
> IV – a instituições cujos dirigentes sejam condenados por *assédio moral ou sexual*, racismo, trabalho infantil, trabalho escravo ou crime contra o meio ambiente (g.n).

---

[1] Essa sigla quer dizer lésbicas, gays, bissexuais e transgêneros.

Homofobia: Origem e significado
Homofobia é um *neologismo*, ou seja, um termo criado pelo **psicólogo George Weinberg**, em **1971**, que combina a palavra grega *phobos* ("fobia"), com o prefixo *homo*, como remissão à palavra "homossexual".

Phobos: vem do grego e significa o medo em geral e a "fobia". Neste caso, dá-se como medo geral (irracional ou não) ou como aversão ou repulsa em geral, qualquer que seja o motivo.

Assédio moral e discriminação por idade

A Constituição Federal estabelece no artigo 3º que:

> Art. 3º – Constituem objetivos fundamentais da República Federativa do Brasil:
> I – construir uma sociedade livre, justa e solidária;
> (...)
> IV – promover o bem de todos, sem preconceitos de origem, raça, sexo, cor, **idade** e quaisquer outras formas de discriminação" (grifo nosso).

Mas não é exatamente isso que acontece, pois hoje nos deparamos com uma forte discriminação também em relação à idade. Os jovens são discriminados quando recém-admitidos no mercado de trabalho, quando lhes é dificultada a inserção porque existe um forte clima de competição.

Quando novatos, os jovens são vítimas dessas práticas utilizadas como forma de "batizá-los" e somente após tais "batismos" são agregados ao grupo, o que representa uma forma de ritual de passagem perversa por conta da violência sutil que envolve.

O Brasil tinha 34,7 milhões de pessoas entre 15 e 24 anos em 2006, que representavam à época 19% do total da população brasileira. Um grande contingente dos jovens se encontra empregado nas empresas de telemarketing, nas quais têm aumentado as denúncias de assédio moral. Isso obrigou o Ministério do Trabalho a editar a Portaria MTE/STI/DSST n. 9, de 30 de março de 2007.

Essa Portaria aprovou o Anexo II de NR-17 sobre Trabalho em Teleatendimento/Telemarketing, estabelecendo que:

> é vedada a utilização de métodos que causem assédio moral, medo ou constrangimento, tais como:
>
> a) estímulo abusivo à competição entre trabalhadores ou grupos/equipes de trabalho;
> b) exigência de que os trabalhadores usem, de forma permanente ou temporária, adereços, acessórios, fantasias e vestimentas com o objetivo de punição, promoção e propaganda;
> c) exposição pública das avaliações de desempenho dos operadores.

Assédio moral em razão de discriminação por idade

Empresa pagará indenização por dano moral por suprimir plano de saúde dos empregados aposentados

A Terceira Turma do Tribunal Superior do Trabalho manteve decisão em que a empresa de Santa Catarina foi condenada a pagar R$ 10 mil reais de indenização por danos morais por ter suprimido plano de saúde que oferecia aos aposentados.

A empresa havia implantado, como parte de sua política de recursos humanos, um conjunto de benefícios – como assistência médica, subsídio na compra de medicamentos, assistência odontológica e seguro de vida, entre outros. Os benefícios eram assegurados por meio de um mecanismo interno chamado "clube de veteranos", que abrigava funcionários com 20 anos ou mais de serviço, e nele eram mantidos, inclusive, os aposentados.

O sistema funcionou durante oito anos até que, em 2003, a empresa resolveu reduzir os benefícios dos aposentados, alegando que sua manutenção afetava o preço de suas ações. No que se refere à assistência médica, estabeleceu um plano de saúde inferior ao dos empregados da ativa e, alternativamente, ofereceu indenização de R$ 5 mil aos que não concordassem em aderir. Foi nesse contexto que uma das aposentadas entrou com ação, alegando que a empresa, ao romper unilateralmente os benefícios, teria lesado um direito adquirido.

A sentença da 1ª Vara do Trabalho de Joinville (SC) foi favorável aos pedidos da aposentada, determinando o restabelecimento dos benefícios, inclusive do plano de saúde que vigorava anteriormente ou de um similar, além do pagamento de indenização por danos morais pelo período em que ela ficaria sem a cobertura da assistência médica. A empresa recorreu ao Tribunal Regional do Trabalho da 12ª Região (SC), que deu provimento parcial ao recurso, determinando apenas o abatimento do valor pago por ocasião da não adesão ao novo plano de saúde com o valor arbitrado a título de indenização por danos morais.

Inconformada, a empresa apelou ao TST, sustentando a validade da transação que a dispensou do pagamento do plano de saúde, com a anuência dos aposentados que aceitaram a indenização. A relatora da matéria, Ministra Maria Cristina Peduzzi, opinou pela rejeição do recurso (não conhecimento), pois, ao contrário das alegações, não é aplicável ao caso o item II da Súmula 51 do TST, que estabelece: "Havendo a coexistência de dois regulamentos da empresa, a opção do empregado por um deles tem efeito jurídico de renúncia às regras do sistema do outro".

A ministra ressalta que, conforme o acórdão regional, não foi concedida à aposentada a possibilidade de opção entre dois regulamentos coexistentes, já que não lhe foi conferida a alternativa de permanência no plano de saúde anteriormente oferecido. E conclui que houve imposição da empresa às novas regras, tidas como prejudiciais pelas instâncias ordinárias (Proc. RR 1485/2004-030-12-00.7).

Há situações em que a discriminação abrange também os trabalhadores doentes, acidentados e aqueles que retornam de alta médica, após terem sofrido acidente de trabalho, conforme relatado neste caso a seguir que ocorreu em uma das maiores montadoras de veículos do Brasil.

TRT/SP: Volkswagen condenada por confinar operário em "cemitério"

Manter trabalhador acidentado, com recomendação médica de readaptação, isolado em sala especial e proibido de sair, sob pena de suspensão, configura tratamento desumano, humilhante, insultuoso e, portanto, ofensivo à dignidade humana.

Com base nesse entendimento, os juízes da 6ª Turma do TRT-SP condenaram a Volkswagen do Brasil Ltda. ao pagamento de indenização por danos morais.

O metalúrgico, que sofria de disacusia ocupacional e deveria ser afastado do ambiente prejudicial aos seus ouvidos, foi confinado pela montadora em sala de vidro apelidada de "cemitério", enquanto aguardava, por prazo indefinido, sem qualquer atividade, recolocação em outro posto de trabalho compatível com sua qualificação.

Nesse período, ele passou a ser alvo de chacotas e zombarias, juntamente com outros acidentados confinados na mesma sala, sendo rotulado de forma depreciativa pelos colegas – e até pelo gerente – de "sequelados", "gardenal", "rivotril", "vagabundos" e "zero à esquerda".

Segundo o operário declarou no processo, até mesmo o médico da empresa, "ao atendê-lo, utilizou-se da ambulância para conduzi-lo ao seu setor, ironizando sobre a gravidade do seu estado de saúde".

Diante dessa situação, ele moveu uma ação trabalhista na 5ª Vara do Trabalho de São Bernardo do Campo exigindo indenização por dano moral. A vara julgou improcedente sua reclamação e ele, inconformado com a decisão, recorreu ao TRT-SP.

No tribunal, a juíza Ivani Contini Bramante, relatora do processo, reconheceu que "talvez não houvesse, de fato, o propósito de submeter o recorrente às humilhações, colocando-o em condição provisória, tão somente com o intuito de aguardar uma solução para o problema da readaptação. Mas o fato é que criou-se uma circunstância insultuosa e desmerecedora ao trabalhador".

Para a juíza, é "inconteste o dano moral e a responsabilidade do empregador". Ela reverteu a decisão da vara e condenou a Volkswagen ao pagamento de indenização por dano moral no valor de 40 salários mínimos, sendo acompanhada pela maioria dos juízes da 6ª Turma (Processo TRT/SP n. 02098200446502009).

Outro caso concreto:

Banco é condenado a pagar 100 mil reais de indenização por discriminação em razão da idade

O Banco da Amazônia foi condenado a indenizar em 100 mil reais um bancário que exerceu função de confiança por 21 anos e teria sido destituído em razão da idade. A decisão foi da 1ª Turma do TRT de Mato Grosso em processo relatado pelo juiz convocado Aguimar Peixoto.

O processo é originário da 1ª Vara do Trabalho de Cuiabá, onde o juiz Alex Fabiano de Souza condenou o banco a incorporar a gratificação retirada e pagar a verba referente à gratificação no período em que foi suprimida. A decisão ratificou a antecipação de tutela, concedida no início do processo. No entanto, o pedido de indenização por danos morais havia sido negado na sentença.

O banco recorreu da decisão alegando justo motivo de retornar o trabalhador ao cargo anterior, ou que a incorporação se desse na função que ele exerceu mais tempo.

No Tribunal, o relator negou provimento ao recurso do banco, entendendo que a jurisprudência sobre esse tema já assentou entendimento de que o empregado tem direito a manter o padrão financeiro que atinge quando fica por longo tempo recebendo o valor da função comissionada. Também assentou que o bancário deve incorporar o valor da última função ocupada e não uma média como pretendia o banco.

O bancário também recorreu ao Tribunal pedindo a condenação da empresa a pagar indenização por dano moral decorrente de discriminação. Alegou que fora retirado do cargo de gerente da agência e colocado no atendimento do balcão. Ali era visto e questionado por pessoas que se acostumaram a vê-lo na chefia, fato que lhe causava humilhação.

Analisando recurso do bancário, o relator avaliou detidamente todo o conjunto de provas. De um lado, a empresa alegando que a destituição do bancário da função comissionada ocorrera em razão de uma reestruturação no banco, e que ofereceu oportunidade para que o mesmo participasse de um processo seletivo para se manter na função. Por sua vez, o empregado sustentou que fora colocado em férias justamente quando o banco promoveu o processo seletivo, impedindo-o de participar.

O relator entendeu que fora proposital a colocação de empregado em férias durante o processo seletivo e que realmente ocorreu discriminação em razão da idade do trabalhador, nascido em 1950. Tais fatos teriam causando dano ao bancário, passível de indenização, razão pela qual condenou o banco em 100 mil reais a este título.

A Turma acompanhou por unanimidade o voto do relator quanto ao improvimento do recurso do banco. Quanto ao recurso do trabalhador, o voto pelo provimento foi aprovado por maioria, já que o desembargador Roberto Benatar juntou declaração voto negando a indenização.

O processo encontra-se em fase de apreciação de agravo de instrumento proposto pelo banco, por ter sido negada a subida de recurso de revista ao Tribunal Superior do Trabalho (Processo 00634.2009.001.23.00-0).[1]

---

[1] Fonte: TRT 23ª Região – jornal Jurid.

PARTE III

ASSÉDIO MORAL
NEXO CAUSAL, PROVAS E COMO PREVENIR

- Como provar o assédio moral
- Como prevenir o assédio moral

Supremo Tribunal Federal – Súmula 341, de 13.12.1963:
É presumida a culpa do patrão ou comitente pelo ato culposo do empregado ou preposto.

Como provar o assédio moral

O artigo 944 do **Código Civil** diz que: **"A indenização[1] mede-se pela extensão do dano"**.

É da responsabilidade da Justiça do Trabalho o julgamento dos casos em que discute o assédio moral. Segundo consta da CLT, a Lei Trabalhista que rege os processos do trabalho em seu artigo 818, **"a prova das alegações incumbe à parte que as fizer"**.

Por isso é muito importante que as vítimas de assédio moral ajam com dupla estratégia de defesa. A primeira coisa é resistir à agressão e às ofensas o tanto quanto possível, ganhando, assim, tempo suficiente para, em seguida, reunir as provas indispensáveis e, logo depois, buscar a orientação de seu sindicato ou de um advogado.

---

[1] Os valores das condenações em processos individuais, na maior parte dos casos, variam entre R$ 10.000,00 e R$ 30.000,00. "Há caso de R$ 3.500,00 para uma relação que durou 25 dias e outro de R$ 70.000,00 para um contrato de oito anos", exemplifica a Ministra Cristina Peduzzi. O Ministro Ives Gandra Martins Filho, em um das primeiras decisões do TST relativas ao tema (RR 122/2001-036-12-00.0), ressalta que a ausência de critérios específicos para fixação de dano moral na legislação trabalhista "leva o julgador a lançar mão do princípio da razoabilidade, cujo corolário é o princípio da proporcionalidade, pelo qual se estabelece a relação de equivalência entre a gravidade da lesão à imagem e à honra e o valor monetário da indenização imposta".
A fixação de valores para dano moral, conforme vem sendo adotada pelo TST, tem dupla finalidade: compensar a vítima pelo dano moral sofrido e, também, punir o infrator, a fim de coibir a reincidência nesse tipo de prática. O que se busca é um possível equilíbrio entre as "possibilidades do lesante" – o porte e o poder econômico da empresa – e as "condições do lesado" – a extensão do dano causado. Disponível em <http://www.normaslegais.com.br/trab/1trabalhista020207.htm>.

Para que a vítima do assédio consiga vencer o processo na justiça e obtenha uma indenização, é indispensável que faça prova de suas alegações.

Por isso o assediado deverá munir-se de todos os elementos probatórios possíveis se quiser buscar na Justiça uma indenização.

A Justiça do Trabalho se baseia em provas convincentes que consigam comprovar a aludida agressão. Pode ser por meio de testemunhas, documentos, cópias de memorandos, CD-ROM, filmes, circulares, e-mails.

Admite-se também a gravação da conversa, se esta se der por meio de um dos interlocutores.

Fique ciente: para comprovar o delito, é essencial que se estabeleça o que se chama de "nexo de causalidade" entre as condutas do infrator e os sintomas do assédio apresentados pela vítima.

Nessa situação, nem sempre é possível utilizar os meios probatórios acima e, em função disso, bilhetes, gravações obtidas legalmente, laudos médicos, testemunhas etc. acabam sendo os recursos usados, pois, do contrário, será a palavra do(a) assediado(a) contra a do(a) assediador(a).

Para confirmar se os danos causados pelo assédio moral foram de ordem psíquica, física ou decorrentes de outros fatores, o juiz poderá ainda nomear um perito: médicos clínicos e psiquiatras, psicólogos e outros, caso a caso.

Necessário, também, para constatar se há nexo causal[2] que estabeleça um vínculo entre causa e efeito. Veja este caso concreto:

---

[2] O nexo de causalidade relaciona-se com o vínculo entre a conduta ilícita e o dano, ou seja, o dano deve decorrer diretamente da conduta ilícita praticada pelo indivíduo, sendo, pois, consequência única e exclusiva dessa conduta. O nexo causal é elemento necessário para se configurar a responsabilidade civil do agente causador do dano. In: <http://www.jurisway.org.br>.

> **Importante:**
> Para a configuração do assédio moral, é necessário que fique provado o interesse de **humilhar, ridicularizar, menosprezar, inferiorizar, rebaixar** e **ofender** o trabalhador, causando-lhe sofrimento **psíquico** e físico.
> Isso se chama nexo causal.

Veja este caso concreto:

Racismo não foi comprovado em processo[3]

Toda acusação de racismo deve ficar amplamente comprovada para ser passível de punição. O entendimento é do Tribunal de Justiça de Minas Gerais em processo movido por um servidor público de Passos, no sudoeste do Estado, contra uma colega de trabalho. Na discussão, os dois trocaram ofensas e agressões que resultaram em ação cível e outra criminal. Por não haver prova suficiente nos autos, o TJ mineiro, por maioria de votos, negou pedido de indenização por danos morais formulado pelo servidor contra uma colega acusada de atitude racista, (...) que no dia 19 de setembro de 2001, (...) o teria ofendido com palavras discriminatórias e intolerantes, na presença de outras pessoas, com o objetivo de degradá-lo e humilhá-lo. Segundo ele, entre as agressões verbais, ela o teria chamado de "ladrão", manifestando preconceito racial por declarar que ele deveria voltar para a senzala.

---

[3] Fonte: Consultor Jurídico – 3.11.2009.

Como prevenir o assédio moral

Uma forma eficiente de prevenção é a realização de campanhas nas empresas ou nos órgãos públicos para divulgação das informações sobre o assédio moral, a fim de que o maior número de trabalhadores esteja ciente desse tipo de conduta, de como agir diante dela e de suas possíveis consequências nas esferas cível, trabalhista/administrativa e criminal.

Dessa forma, será possibilitada a criação de uma rede de resistência e solidariedade entre os trabalhadores, o que, por si só, tem o efeito de intimidar os possíveis agressores.

Nesse sentido, cabe destacar que uma forma de combate e prevenção do assédio moral é a solidariedade no ambiente de trabalho, ou seja, quem presenciar uma conduta de assédio deve procurar fugir da "rede de silêncio" e conivência, mostrando sua desconformidade com a conduta e sendo solidário com o colega assediado na busca de soluções para o problema.

Mesmo porque quem hoje é testemunha, posteriormente pode estar na situação de vítima do assédio, quando precisará contar com o apoio dos colegas de trabalho.

Freitas, Heloani e Barreto consideram que "o empregador deve manter boas condições de segurança e higiene e zelar para que o local de trabalho não se transforme em lugar perigoso à vida e à saúde dos seus trabalhadores".[1]

Claudia Brum Mothé[2] aponta que "Estudo feito pela OIT – Organização Internacional do Trabalho e pela OMS – Organização Mundial de Saúde, no ano 2000, revela que as

---

[1] Op. cit., p. 108.

[2] Mothé, Claudia Brum. Código de Ética nas Empresas pode evitar o assédio moral. Conjur 30.11.2005.

perspectivas para os próximos vinte anos são muito pessimistas no que tange ao impacto psicológico sobre os trabalhadores das novas políticas neoliberais".

Por isso, não cumprindo o empregador com esta obrigação, poderá responder de forma indenizatória, a título de responsabilidade civil.

O assédio moral é uma conduta muito grave e pode gerar até suicídios.[3] Veja esta notícia:

> Tóquio, 17 out (EFE). – Um tribunal de Tóquio considerou pela primeira vez como acidente de trabalho o suicídio de um trabalhador que sofria insultos de seu chefe, segundo informa hoje o jornal japonês *Asahi Shimbun*.
>
> A Corte do Distrito da capital japonesa rejeitou assim a decisão do Escritório de Inspeção de Padrões Trabalhistas da província de Shizuoka, no sudoeste de Tóquio. O órgão havia negado à viúva o direito a uma indenização pela morte de seu marido.
>
> Segundo o Escritório de Inspeção, o suicídio, em março de 2003, não teve relação com a atividade profissional do morto.
>
> Para o juiz Hiroshi Watanabe, o trabalhador teve de suportar uma carga psicológica "que ocorre raras vezes".
>
> A sentença judicial diz que o chefe menosprezava e insultava reiteradamente o suicida, dizendo coisas como: "você está roubando o seu salário" ou "suma da minha vista".

---

[3] Colho da Wikipédia que "Suicídio (do latim *sui*, 'próprio', e *caedere*, 'matar') é o ato intencional de matar a si mesmo. Sua causa mais comum é um *transtorno mental* que pode incluir *depressão*, *transtorno bipolar*, *esquizofrenia*, *alcoolismo* e *abuso de drogas*. Dificuldades financeiras e/ou emocionais também desempenham um fator significativo. Mais de um milhão de pessoas cometem suicídio a cada ano, tornando-se esta a décima causa de morte no mundo. Trata-se de uma das principais causas de morte entre *adolescentes* e *adultos* com menos de 35 anos de idade. Entretanto, há uma estimativa de 10 a 20 milhões de tentativas de suicídios não fatais a cada ano em todo o mundo". Disponível em <http://pt.wikipedia.org/wiki/suic%C%ADdio>.

COMO PREVINIR O ASSÉDIO MORAL?

O chefe ignorava o empregado de forma humilhante e contínua, concluiu Watanabe. Ele afirmou que os insultos eram excessivamente severos e apoiou a reivindicação da viúva, que relacionava a depressão e o suicídio com o trabalho de seu marido.

A vítima trabalhava como vendedor de produtos sanitários na Nikken Chemicals, uma subsidiária da japonesa Kowa Pharmaceutical. Começou a sofrer os abusos verbais em 2002, pouco depois de o novo chefe assumir o comando da filial com o objetivo de melhorar os resultados da companhia. EFE.[4]

No Brasil, isso também vem ocorrendo. Vejam mais esta notícia:

Assédio moral no Bradesco provoca até suicídio
O assédio moral – uma das principais questões enfrentadas pelos bancários hoje – é um dos muitos problemas que transformam a rotina dos trabalhadores do Bradesco num verdadeiro inferno diário.

No último dia 8 de maio (domingo), a gerente-geral, Marli da Costa Souza Gonçalves, de 44 anos, que trabalhava em uma agência de Santos, no litoral de São Paulo, não aguentou a pressão e suicidou-se.

Em protesto, a diretoria do Sindicato paralisou, durante todo o dia 9/5, a unidade do Bradesco para denunciar o ocorrido à população. "Ela vinha sofrendo pressões insuportáveis desde que o BBV (seu antigo banco) foi incorporado pelo Bradesco", contam amigos. Há menos de um ano já havia sofrido infarto.

Bancária há 25 anos, depois de ter trabalhado em vários bancos, ela reclamava que sua vida mudou para pior quando o Bradesco adquiriu o BBV. A gerente vinha sendo assediada moralmente pelo banco com ameaças de demissão para cumprir metas impossíveis

---
[4] Fonte: <http://g1.globo.com/Noticias/Mundo/0,,AA1655411-5602,00.html>.

e, agora, por um crime que não cometeu. Por isso, fazia acompanhamento médico utilizando antidepressivos.

Fábrica de doentes
A morte de Marli é o desfecho mais dramático de uma rotina infernal que persegue os trabalhadores do Bradesco pelo país afora.

Os sindicatos de bancários denunciam que, apesar de ser o banco com o maior índice de crescimento e lucratividade no país – teve lucro no primeiro trimestre de R$ 1,205 bilhão, o dobro do registrado em igual período do ano passado e 14% superior ao ganho dos três últimos meses de 2004 – o Bradesco não abre mão de ser também o campeão em ganância e exploração de funcionários adotando práticas que incluem sobrecarga de trabalho, pressão de chefia para cumprimento de metas e para não fazer horas extras, o que significa trabalhar em ritmo alucinante, sem falar no medo constante de ser o próximo da lista dos demitidos.

Além de ser o campeão em LER/DORT, muitos casos têm surgido de bancários com Síndrome do Pânico, doenças gastrintestinais, entre outras. Por esses e outros motivos é que o Bradesco ganhou da categoria o título de Fábrica de Doentes.

Essa maneira de tratar as pessoas sempre foi problema no Bradesco. Basta lembrar a atuação do banco durante a greve do ano passado, quando a empresa foi das que mais interditos proibitórios interpôs contra o movimento, obrigando o trabalhador a não exercer seu direito legal de lutar por melhores condições de salário e de trabalho. "Vamos continuar com atividades na agência Silvio Romero e também em outras agências e concentrações, até que se instaure uma política responsável de gerir as pessoas na empresa", afirma o diretor do Sindicato dos Bancários de São Paulo, Osasco e Região, Walcir Previtale Bruno.

Mas apesar do merecido título de Fábrica de Doentes, essas práticas não são privilégio do Bradesco, mas ocorrem em todo o sistema financeiro, conforme vem denunciando há tempos a Confederação Nacional dos Bancários (CNB-CUT).[5]

Estudos demonstram que de cada 10 bancários que sofrem desse tipo de assédio, oito são do sexo feminino. Esses dados são confirmados no projeto de pesquisa "Assédio Moral na Categoria Bancária: uma experiência no Brasil", lançado recentemente.[6]

Vejamos mais este fato que foi notícia no jornal Estado de São Paulo:

Estresse ocupacional
Pressão por resultados na Renault leva ao suicídio até de executivos.

SÃO PAULO – Máquinas e funcionários da maior montadora de automóveis da França, a Renault, fizeram uma paralisação ontem, por um minuto, em três das maiores fábricas e escritórios da empresa. Em silêncio, cerca de três mil trabalhadores, de todos os setores, fizeram uma discreta homenagem a um futuro executivo, morto há quatro dias. A comoção se explica porque o técnico de 38 anos, que era casado, tinha filhos e seria promovido, suicidou-se, deixando uma carta na qual explicou a razão do ato mais extremo. O trabalho é duro demais para suportar, justificou na carta.[7]

---

[5] Fonte: <http://www.culturabrasil.org/reformaeassediomoral.htm>.

[6] Indico ainda para leitura a Cartilha "Suicídio e Trabalho – Manual de promoção à vida para trabalhadores e trabalhadoras", editado pelo Sindicato dos Químicos de São Paulo e disponível em <www.quimicosp.org.br>.

[7] O restante dessa noticia está publicado na edição on line de 11.05.2007, no Jornal "Estadão" e disponível na íntegra em: <http://www.fazer.com.br/layouts/abrat/default2.asp?cod_materia=2285>.

Depoimento de uma servidora assediada
Maria Antonia*, servidora pública

"Trabalho há dez anos como servidora pública e durante seis anos sofri nas mãos do meu chefe. Perdi as contas de quantas vezes fui humilhada, perseguida, ameaçada e desrespeitada. Minhas opiniões eram sempre menosprezadas; reuniões eram marcadas sem que eu tivesse conhecimento prévio da pauta de discussões. Maledicência com o meu nome e uso de termos chulos eram frequentes. Inúmeras vezes tive de engolir um 'o que você está pensando?' seguido de 'quem manda aqui sou eu'.

Depois de ser caluniada e difamada, fui penalizada com uma transferência para uma unidade que ficava a quase duas horas da minha casa (antes eu levava dez minutos para chegar ao trabalho). Minha vaga foi ocupada por uma pessoa que, apesar de menos competente, era amiga do chefe. Fui rebaixada de cargo, fiquei na geladeira e minha pasta foi praticamente esvaziada. Busquei, em vão, o apoio do chefe-geral, mas ele sugeriu, em outras palavras, que a incomodada se retirasse.

Minha autoestima foi a zero. Senti-me um nada, um 'Zé Ninguém', apesar da minha formação superior, da minha pós-graduação e dos cursos que fiz ao longo da carreira. Cheguei a acreditar que o problema era comigo e duvidei totalmente da minha capacidade.

Isso, claro, refletiu-se na minha vida pessoal. Tornei-me uma pessoa nervosa e descarregava todas as minhas angústias nos meus familiares. Muitas doenças apareceram nesse meio tempo. Engordei muito, tive depressão e síndrome do pânico. Temia que algo pior pudesse acontecer, mas nunca apresentei um atestado médico, porque era ameaçada de demissão constantemente. O circo de horror durou muito tempo e, por fim, joguei a toalha. Era isso ou ficar seriamente doente. Tive de deixar para trás um ideal de vida para que pudesse ter paz e saúde."

* *Nome fictício*

PARTE IV

ASPECTOS JURÍDICOS: LEGISLAÇÃO
E JURISPRUDÊNCIA DOS TRIBUNAIS

- Há proteção legal para as vítimas?
- O que as vítimas devem fazer?
- Onde o trabalhador deve buscar ajuda
- Assédio moral de A a Z

(Decisões judiciais selecionadas de Tribunais Brasileiros)

O que diz a Constituição Federal:

Art. 5º – Todos são iguais perante a Lei, sem distinção de qualquer natureza, garantindo-se aos brasileiros e aos estrangeiros residentes no País a inviolabilidade do direito à vida, à liberdade, à igualdade, à segurança e à propriedade, nos termos seguintes:
(...)
V – é assegurado o direito de resposta, proporcional ao agravo, além da indenização por dano material, moral ou à imagem;
(...)
X – são invioláveis a intimidade, a vida privada, a honra e a imagem das pessoas, assegurado o direito à indenização pelo dano material ou moral decorrente de sua violação.

Há proteção legal para as vítimas?

A legislação específica sobre assédio moral no Brasil ainda está em fase de elaboração. Segundo informações publicadas no site *www.assediomoral.org*, no Brasil, há, atualmente, mais de 80 projetos de lei, em diferentes regiões do país.

Diversos projetos que visam combater a prática do assédio moral já foram aprovados e outros estão em tramitação. No âmbito federal há pretensões de se regulamentar a prática do assédio moral: o projeto de Lei Federal n. 4.742/2001 pretende introduzir o artigo 146-A no Código Penal Brasileiro, dispondo sobre o crime de assédio moral no trabalho; o projeto de Lei Federal n. 4.591/2001, atualmente arquivado, dispunha sobre a aplicação de penalidades à prática de assédio moral por parte de servidores públicos da União, das autarquias e das fundações públicas federais a seus subordinados, alterando a Lei n. 8.112, de 11 de dezembro de 1990.

Além disso, há ainda os seguintes projetos de lei sobre o tema: Projeto de Reforma do Código Penal, sobre coação moral; Projeto de Reforma da Lei n. 8.112, sobre coação moral; Projeto de Reforma da Lei n. 8.666, sobre coação moral; Projeto de Reforma do Decreto-Lei n. 5.452, sobre coação moral.[1]

---

[1] Fonte: <www.assediomoral.org/spip.php?rubrique22>.

No âmbito estadual, há as seguintes leis e projetos de lei sobre o assunto: Lei contra assédio moral do Estado do Rio de Janeiro (Lei n. 3.921, primeira lei estadual sobre tema); Projeto de lei contra assédio moral do Estado de São Paulo).[2]

O Rio de Janeiro foi o pioneiro na adoção de legislação específica sobre o tema com a Lei Estadual n. 3.921/2002, de 23.8.2002, voltada especificamente para os órgãos dos três Poderes estaduais, repartições, entidades da administração centralizada, autarquias, fundações, empresas públicas, sociedades de economia mista e mesmo concessionárias de serviços públicos.

Essa lei carioca proíbe "o exercício de qualquer ato, atitude ou postura que se possa caracterizar como assédio moral no trabalho, por parte de superior hierárquico, contra funcionário, servidor ou empregado que implique em violação da dignidade desses ou sujeitando-o a condições de trabalho humilhantes e degradantes".

No Estado de São Paulo, a Assembleia Legislativa de São Paulo aprovou em 13.9.2002 o projeto de lei n. 422/01, de autoria do deputado Antonio Mentor (PT), que regulamenta as formas de punição do assédio moral na administração pública estadual.

Na época, o Governador do Estado de São Paulo vetou em 8.11.2002 esse Projeto, porém a Assembleia Legislativa, reafirmando a necessidade de regulamentar esse assunto e combater o assédio moral no âmbito da administração pública, derrubou o veto do Governador, resultando na promulgação, pelo Presidente da Assembleia Legislativa, da Lei 12.150, que se encontra em vigor.

---

[2] Fonte: <www.inaciovacchiano.com/assediomoral/>.

HÁ PROTEÇÃO LEGAL PARA AS VÍTIMAS?

A Lei Paulista n. 12.250, de 2006, definiu assédio moral como todo gesto, ação ou palavra, praticada de forma repetitiva por agente, servidor ou empregado que, abusando da autoridade da função que exerce, tenha o objetivo ou efeito de atingir a autoestima e autodeterminação do funcionário.[3]

Essa lei paulista estabelece que o assédio moral é uma infração grave e o servidor flagrado em tal prática estará sujeito a penalidades de advertência, suspensão ou demissão do serviço público. As penalidades estão previstas no Estatuto do Funcionalismo Público.

A Câmara Municipal da cidade de São Paulo aprovou um Projeto de Lei que resultou na lei municipal n. 13.288, de 2002, que conceitua assédio moral como:

> todo tipo de ação, gesto ou palavra que atinja, pela repetição, a autoestima e a segurança de um indivíduo, fazendo-o duvidar de si e de sua competência, implicando em dano ao ambiente de trabalho, à evolução da carreira profissional ou à estabilidade do vínculo empregatício do funcionário, tais como: marcar tarefas com prazos impossíveis; passar alguém de uma área de responsabilidade para funções triviais; tomar crédito de ideias de outros; ignorar ou excluir um funcionário só se dirigindo a ele através de terceiros; sonegar informações de forma insistente; espalhar rumores maliciosos; criticar com persistência; subestimar esforços.

A Lei Municipal n. 1.163/2000, que está vigente no município paulista de Iracemápolis, de autoria do ex-vereador e depois prefeito João Renato Alves Pereira, foi a primeira do país a tratar do combate ao assédio moral na Administração Pública.

---

[3] Fonte: <www.conjur.com.br/2006-jan-10/lei_paulista_pune_assedio_moral_servico_publico>.

Ainda há leis em Natal, Guarulhos, Iracemápolis, Bauru, Jaboticabal, Cascavel, Sidrolândia, Reserva do Iguaçu, Americana, Guararema, Campinas, Maceió e no Estado de Pernambuco. O Rio de Janeiro já condena a prática desde 2002.[4]

Há também, em âmbito federal, entre outras propostas, sugestões de alteração no Código Penal, a fim de se incluir punições efetivas aos assediadores. Nas localidades que já existem condenações, as penalidades preveem multa, advertência, suspensão e até demissões dos assediadores.

O Código Civil também trata do dano moral, que é a consequência do assédio moral. Preceitua o art. 186 desse Código que "aquele que, por ação ou omissão voluntária, negligência ou imprudência, violar direito e causar dano a outrem, ainda que exclusivamente moral, comete ato ilícito".

No entanto, nos Estados em que não há legislação específica, é possível pleitear a tutela dos direitos do trabalhador com base no dano moral trabalhista (artigo 483, da CLT) e no direito ao meio ambiente de trabalho saudável, garantidos pela Constituição Federal.

No campo da previdência (para trabalhadores celetistas), a luta é para fazer com que o assédio moral seja reconhecido como causador da doença relacionada ao trabalho, embora a lei 8.213, que regulamenta os direitos dos trabalhadores no campo previdenciário, já permita isso. Todavia, é muito difícil a aceitação por parte dos peritos do INSS de que o assédio moral é considerado uma doença profissional.

Há também o PL n. 4742/2001, que pretende incluir o art. 146-A no Código Penal Brasileiro com a seguinte redação: "Art. 146-A. Depreciar, de qualquer forma e reiteradamente, a

---

[4] É digno de citação ainda que o Código de Ética aprovado pelo CONFEA – Conselho Federal de Engenharia, Arquitetura e Agronomia –, ao tratar das condutas vedadas no exercício das profissões que regula, expressamente consignou ser proibido ao profissional exercer pressão psicológica ou assédio moral sobre os colaboradores (art. 10, I, g).

imagem ou o desempenho de servidor público ou empregado, em razão de subordinação hierárquica funcional ou laboral, sem justa causa, ou tratá-lo com rigor excessivo, colocando em risco ou afetando sua saúde física ou psíquica. **Pena** – detenção de um a dois anos". Este PL está parado junto à Mesa Diretora da Câmara dos Deputados desde 1.12.2003.

Outro PL, n. 4591/2001, da Deputada Rita Camata, dispõe sobre a aplicação de penalidades à prática de assédio moral por parte de servidores públicos da União, das autarquias e das fundações públicas federais a seus subordinados, alterando a Lei n. 8.112, de 11 de dezembro de 1990, tendo redação assemelhada àquela das leis municipais supracitadas. Referido projeto tem como relator designado o Deputado Vicentinho e se encontra na Comissão de Trabalho, de Administração e Serviço Público desde 14.4.2004.

Em seu artigo intitulado "Assédio moral em face do servidor público", Lílian Ramos Batalha assinala que "embora a Lei 8.112/90 (Estatuto dos Servidores Públicos Civis da União) não aborde claramente a questão do assédio moral, o mesmo estatuto indica alguns caminhos, pois a conduta do assediador poderá ser enquadrada no Regime Jurídico Único porque afronta o dever de moralidade da Administração, podendo constituir-se em incontinência de conduta".

Para ela, "a Lei 8.112/90 prevê, no título IV, as condutas proibitivas e deveres do servidor, sendo alguns pertinentes ao tema. O Estatuto dos Servidores Públicos da União prevê, em seu título IV, as condutas proibitivas e deveres do servidor, sendo alguns pertinentes ao tema, pois, via de regra, no serviço público federal, os chefes também são servidores públicos sujeitos, portanto, ao mesmo estatuto".

O que as vítimas devem fazer?

As pessoas que forem vítimas de assédio moral devem agir com cautela, evitando decisões precipitadas e sob pressão das emoções. As seguintes iniciativas devem ser consideradas:

- Resistir: desenvolver comportamento afirmativo, evitando autoculpabilidade, mantendo os contatos sociais e procurando ajuda entre familiares e amigos.
- Juntar evidências do assédio: deve-se anotar tudo o que acontece, fazer um registro diário do dia a dia do trabalho, procurando, ao máximo, coletar e guardar provas do assédio (bilhetes do assediador, documentos que provem a conduta do assediador).
- Conversar com o agressor sempre na presença de testemunhas.
- Denunciar: contatar supervisores que tenham responsabilidade sobre a saúde e bem-estar dos trabalhadores.

Se tiver provas suficientes, a vítima pode recorrer à Justiça do Trabalho ingressando com uma reclamação trabalhista com pedido de indenização por dano moral.

Ou então poderá optar por uma ação pedindo rescisão indireta do contrato de trabalho, com base no artigo 483, da CLT, que caracteriza a falta grave ou justa causa do empregador.

Para tanto, deve ser procurado o sindicato ou um advogado de confiança para que sejam obtidas informações claras e precisas.

Onde o trabalhador deve buscar ajuda

- Sindicatos de sua categoria.
- Ministério Público do Trabalho, por meio do site www.mpt.gov.br (este site aceita inclusive denúncias anônimas).
- Ministério do Trabalho – Este é o órgão do Governo Federal encarregado da fiscalização das empresas. Em cada Estado, há uma Subdelegacia do Trabalho, onde funciona um Núcleo de Acompanhamento das Denúncias de Assédio Moral. Veja no site: www.mte.gov.br
- Justiça do Trabalho – Há Varas do Trabalho nas principais cidades do Brasil, as quais recebem reclamações verbais dos trabalhadores. Porém recomenda-se que o trabalhador procure sempre a orientação de um advogado.

> "Os sindicatos, cujo papel é defender os assalariados, deveriam colocar entre os seus objetivos uma proteção eficaz contra o assédio moral e outros atentados à pessoa do trabalhador." (Marie-France Hirigoyen, autora francesa, especialista em assédio moral)

Assédio moral de A a Z

Decisões judiciais selecionadas de Tribunais Brasileiros

a) Empregado que sofre exposição humilhante e vexatória, colocado em ociosidade, em local inadequado, apelidado pejorativamente de "aquário" pelos colegas, além da alcunha de "javali" (já vali alguma coisa) atribuída aos componentes da equipe dos "encostados" (TRT 15ª R. – RO 2229-2003-092-15-00-6 – (53171/05) – 11ª C. – Rel. Juiz Edison dos Santos Pelegrini – DOESP 4.11.2005 – p. 129).

b) Empregado que é colocado em indisponibilidade indefinidamente por mais de ano, embora remunerada, sofre tortura psicológica pela forma reiterada e prolongada a que esteve exposto a situações constrangedoras e humilhantes, minando a sua autoestima e competência funcional, depreciando a sua imagem e causando sofrimento psicológico (TRT 15ª R. – RO 2142-2003-032-15-00-5 – (42274/05) – 11ª C. – Rel. Juiz Edison dos Santos Pelegrini – DOESP 9.9.2005 – p. 62).

c) Empregado que era submetido, rotineiramente e na presença dos demais colegas de trabalho, por ato do superior hierárquico, por não ter atingido a meta de produção, a usar vestes do sexo oposto, inclusive desfilar com roupas íntimas, além de sofrer a pecha de "irresponsável", "incompetente", "fracassado", dentre outros (TRT 6ª R. – Proc. 00776-2002-006-06-00-5 – 1ª T. – Rel. Juiz Valdir José Silva de Carvalho – DOEPE 3.4.2004).

d) A dispensa de comparecimento à empresa, ainda que sem prejuízos de salário, constitui degradação das condições de trabalho e faz com que o trabalhador sinta-se humilhado perante os colegas, a família e o grupo social. Esse ataque à dignidade profissional é grave e não permite sequer cogitar de que os salários do período de inação compensem os sentimentos negativos experimentados (TRT 9ª R. – Proc. 03179-2002-513-09-00-5 (RO 10473-2003) – (06727-2004) – Relª Juíza Marlene T. Fuverki Suguimatsu – DJPR 16.4.2004).

e) Empregado que é confinado em uma sala, sem lhe ser atribuída qualquer tarefa, por longo período, existindo grande repercussão em sua saúde, tendo em vista os danos psíquicos por que passou (TRT 17ª R. – RO 1142.2001.006.17.00.9 – Rel. Juiz José Carlos Rizk – DOES 15.9.2002).

f) Empregado submetido à dinâmica de grupo na qual se impõe "pagamentos" de "prendas" publicamente, tais como "dançar a dança da boquinha da garrafa", àqueles que não cumprem sua tarefa a tempo e modo (TRT 17ª Região – RO 01294.2002.007.17.00.9, Relª Juíza Sônia Das Dores Dionísio – DOES 19.11.2003).

g) Empregada que é chamada de burra, idiota e incompetente pelo seu chefe sofre assédio moral porque tem sua dignidade atingida (TRT 2ª Região – RO 01163.2004.015.02.00-0, rel. Desembargador Valdir Florindo, in Consultor Jurídico de 4.4.2006).

h) Vendedor que recebe correspondências da empresa de teor intimidatório e agressivo, tais como: "Semana retrasada demitimos o vendedor da Zona 51, semana passada demitimos o vendedor da Zona 2, quem será o próximo?"; "Com tantas promoções, ofertas e oportunidades, sair do cliente sem vender nada é o mais absoluto atestado de incompetência"; ou ainda: "Você pode ser tudo na vida, menos vendedor, é melhor procurar outra profissão"; e finalmente "Não entendo!!! Entendo menos ainda que ainda continuo encontrando vendedor 'barata tonta' (observem que nossa equipe está mudando algumas 'caras' e não é por acaso)", sofre assédio moral (TRT 4ª Região – RO n. 01005-2004-662-04-00-5, Rel. Juiz João Ghisleni Filho, fonte site do TRT-RS, 24.1.2005).

i) Restrição ao acesso de portadores de deficiência ao serviço público caracteriza dano moral coletivo – DOEletrônico 9.10.2009. Assim decidiu o Desembargador Ricardo Artur Costa e Trigueiros em acórdão unânime da 4ª Turma do TRT da 2ª Região: "Ação Civil Pública. Acumulação de pedidos. Possibilidade. Preenchidos os requisitos do **art. 291**, §1º do CPC, cabe a acumulação de pedidos distintos, compatíveis entre si, em Ação Civil Pública, sendo competente para deles conhecer o mesmo Juízo, e adequado a todos o mesmo procedimento. Não há qualquer peculiaridade na Lei de Ação Civil Pública que estipule regra diversa da geral, prevista no CPC. 2) Portadores de deficiência. Óbice ao serviço público. Dano moral coletivo. O dano moral coletivo ocorre quando a ofensa atinge direitos difusos e coletivos. É cabível a reparação, via ACP, de lesão à coletividade dos trabalhadores, não só pelos danos causados, mas, igualmente, para desestimular tais atos. Dispõe o **art. 23** da CF (caput e inciso II) ser de competência comum da União, Estados, Distrito Federal e Municípios, cuidar da saúde e assistência pública, da proteção e garantia das pessoas portadoras de deficiência. Já o **art. 24** da CF confere à União, Estados e Distrito Federal, competência concorrente para legislar sobre proteção e integração social dos portadores de deficiência. À luz do **artigo 37**, II, da CF, o Decreto Federal n. 3298/99 que dispõe sobre a Política Nacional para a Integração da Pessoa Portadora de Deficiência, preconiza, entre outros pontos: a) reserva de vagas não inferior a 5% do total; b) critérios para identificação objetiva da condição de deficiente; c) avaliação da incompatibilidade, no estágio probatório e por equipe multidisciplinar. Ao criar exclusões e declarar incompatibilidades para a admissão de portadores de deficiências, sem prévia análise de equipe multidisciplinar e outras providências, a Lei Municipal sub examen afrontou as normativas federais e a Constituição, pelo que, prestigia-se a sentença de origem que acolheu a presente ACP" (Proc. 01004200842102003 – **Ac. 20090815097**, fonte: Serviço de Jurisprudência e Divulgação do TRTSP).

j) TST determina que empresa reintegre deficiente – 22.10.2009 – A Oitava Turma do Tribunal Superior do Trabalho aceitou recurso de um empregado, deficiente físico, demitido pela Telemar Norte Leste S/A e determinou sua reintegração, diante do descumprimento, pela empresa, da exigência legal contida no art. 93, § 1º da **Lei n. 8.213/91**, que estabelece garantia indireta de emprego, ao condicionar a dispensa do trabalhador reabilitado ou deficiente habilitado à contratação de substituto em condição semelhante. A Telemar firmou Termo de Ajuste de Conduta em agosto/2001 perante o Ministério Público do Trabalho e a Procuradoria do Trabalho do Estado de Sergipe, comprometendo-se a preencher as vagas que surgissem com a contratação de deficientes ou beneficiários reabilitados, até atingir o percentual de cargos previstos no art. 93 da **Lei n. 8.213/91**. Garantiu, ainda, somente rescindir contratos de trabalho, sem justa causa, de empregados portadores de deficiência, após a contratação de substituto em condições idênticas (RR-25/2005.001.20.00-6).

k) Dano moral. Assédio sexual. É certo que o empregador detém o poder diretivo, que lhe permite adotar condutas para que sejam atingidos os fins colimados no estabelecimento. Todavia, esta prerrogativa não se sobrepõe jamais ao princípio da dignidade humana. A conduta patronal, inclusive por seus prepostos, encontra limite intransponível nos direitos personalíssimos. O contato com a empregada não pode resultar em importunação de cunho sexual, pois são invioláveis a intimidade, a vida privada, a honra e a imagem das pessoas, direitos estes assegurados por norma de status constitucional, conforme art. 5º, incisos V da Constituição Federal de 1988, a qual, no particular, subscreve os direitos protegidos pela Convenção Americana sobre Direitos Humanos (Pacto de San Jose da Costa Rica). A tentativa de contato físico contra a vontade da empregada merece repúdio, pois, além de configurar ato ilícito, atenta contra o primado da dignidade do ser humano. A conduta do empregador que, pessoalmente ou por seus representantes, pratica comportamentos abusivos, configura procedimento vexatório e humilhante que impõe a indenização por danos morais à trabalhadora assediada (art. 5º, inc. X, CFR/88) (TRT/SP – 01135200406702001 – RO – Ac. 4ªT 20090707570 – Rel. Desembargador Paulo Augusto Camara – DOE 18.9.2009).

l) Rigor excessivo e pressão psicológica são suficientes para o deferimento da rescisão indireta do contrato de trabalho – DOEletrônico 9.10.2009 – Conforme decisão do Desembargador Ricardo Artur Costa e Trigueiros em acórdão unânime da 4ª Turma do TRT da 2ª Região: "Constitui fundamento suficiente para o deferimento da rescisão indireta do contrato de trabalho a comprovada imposição pelo empregador de tratamento excessivamente rigoroso e vexatório, submetendo a empregada ao império do medo. Com efeito, caracterizam a culpa patronal a teor do **artigo 483** da CLT, a cobrança contundente do trabalho na presença de colegas e sob constante ameaça de dispensa, a ponto de levar a trabalhadora às lágrimas e abalar seu equilíbrio emocional, com afastamentos provisórios atestados pelo Sistema Brasileiro de Saúde Mental. Verbas rescisórias devidas (Proc. 02692200804202007 – **Ac. 20090838038**, fonte: Serviço de Jurisprudência e Divulgação).

m) Dano moral. Empregada em estado depressivo. Tratamento agressivo e desumano. É devida indenização por dano moral à empregada que, em estado depressivo do qual vinha se tratando, era submetida a tratamento ofensivo e desumano, a ela dispensado na presença de outros colegas, por superior hierárquico. Sentença mantida (TRT/SP – 01125200807602000 – RO – Ac. 4ªT **20090778442** – Rel. Desembargador Ricardo Artur Costa e Trigueiros – DOE 25.9.2009).

n) Dispensa discriminatória. HIV. A confirmação laboratorial da doença ocorrida após a dispensa não serve como argumento que afaste, isoladamente, a tese de dispensa discriminatória, quando o contrato ocorre em um ambiente de casa de saúde em que os sintomas do empregado são conhecidos, ou deveriam ser, pelo empregador (TRT/SP – 00425200700402008 – RO – Ac. 6ªT 20090815585 – Rel. Desembargador Rafael Edson Pugliese Ribeiro – DOE 2.10.2009).

o) Estabilidade ou garantia de emprego. Reintegração. Garantia de emprego aos deficientes ou reabilitados. As disposições do art. 93 da Lei n. 8.213/91 não garantem o emprego aos trabalhadores deficientes ou reabilitados. Todavia, não demonstrando a empregadora ter contratado outro empregado em idênticas condições àquelas do deficiente ou reabilitado que dispensou sem justa causa, estes devem ser reintegrados ao emprego, tendo em vista que entre os objetivos constitucionais está o combate às discriminações de qualquer espécie. Aplicações dos princípios da dignidade da pessoa humana e dos valores sociais do trabalho (art. 1º, III, da CF) e da jurisprudência atual do TST (TRT/SP – 01450200204802009 – RO – Ac. 5ªT **20090692793** – Rel. Desembargador José Ruffolo – DOE 11.9.2009).

p) Aids. Discriminação sofrida pelo portador do vírus HIV – reintegração devida. Apesar de o governo, bem como a iniciativa privada, contarem com programas de tratamento e prevenção, tais fatores não são suficientes para aplacar a discriminação sofrida pelo aidético, que, na maioria das vezes, é tratado de maneira preconceituosa, ficando em segundo plano sua condição de cidadão. A propósito, não é demais lembrar que o portador do vírus HIV não precisa apenas de medicamentos, como também, e principalmente, de suporte emocional e psicológico, para garantir sua qualidade de vida, bem como de seus familiares, amigos, e colegas de trabalho. Por outro lado, setores da doutrina e da jurisprudência mais presentemente entendem que, se o empregador tinha conhecimento da condição de soropositivo do empregado, tal fato gera a presunção da arbitrariedade da demissão. Caso contrário, desde que não comprovado qualquer ato ilícito de sua parte, terá exercido de maneira regular seu direito potestativo de dispensar imotivadamente o trabalhador (TRT/SP – 01303200801902009 – RO – Ac. 6ªT **20090725454** – Rel. Desembargador Valdir Florindo – DOE 11.9.2009).

r) Empresa que instalou câmeras no banheiro dos empregados é condenada por dano moral – 9.10.2009. Mais uma empresa foi condenada por ter invadido a privacidade dos empregados com instalação de câmeras de filmagem no banheiro. Desta vez coube à Peixoto Comércio, Indústria, Serviços e Transportes Ltda., de Minas Gerais, ser punida com pagamento de indenização de dano moral a um ex--empregado que reclamou na justiça que se sentiu ofendido com a instalação dos referidos equipamentos no banheiro utilizado pelos funcionários. A sentença foi confirmada pela Primeira Turma do Tribunal Superior do Trabalho. A intenção do empregador era "ter o total controle de horários de trabalho, das saídas dos empregados para uso de banheiros, bem como com a finalidade de intimidá-los", informou o Tribunal Regional da 3ª Região, ao confirmar a sentença do primeiro grau. O fato aconteceu em janeiro de 2001 e foi reclamado por um empregado que trabalhou na empresa por dois anos e meio, até meados de 2003 (RR-1263-2003-044-03-00.5).

s) Cárcere privado e intimidação geram indenização para trabalhador – 9.10.2009. A Sexta Turma do Tribunal Superior do Trabalho manteve a condenação em danos morais, no valor de R$ 15 mil, imposta à empresa Dan Vigor Indústria e Comércio de Laticínios Ltda., por ter mantido empregada sob vigilância armada por um longo período, para ser inquirida, sofrendo pressão psicológica, intimidação e insultos. A Turma acompanhou o relator, Ministro Aloysio Corrêa da Veiga, que entendeu ter sido configurado, de forma clara, abuso de poder diretivo. A questão teve início há quatro anos, quando a empregada, ao chegar à empresa para iniciar seu expediente, foi encaminhada, juntamente com outros colegas, a uma sala e lá permaneceram trancados e incomunicáveis, sob vigilância de um funcionário armado, e sendo insultados, com palavras de baixo calão, por funcionários da empresa que apuravam ato de sabotagem em uma máquina de produção (RR-371/2007-040-15-00.3).

t) Trabalhador submetido à revista íntima consegue indenização – 14.10.2009. A Distribuidora Farmacêutica Panarello Ltda. terá de pagar indenização por danos morais, no valor de R$ 20.750,00, a um ex-empregado submetido à revista íntima. Esse é o resultado da decisão unânime da Oitava Turma do Tribunal Superior do Trabalho, ao rejeitar (não conhecer) recurso de revista em que a empresa visava reverter decisão do Tribunal Regional do Trabalho da 15ª Região (Campinas-SP). A condenação, determinada em primeira instância, foi mantida pelo TRT que, ao analisar o recurso, comprovou que os funcionários da Distribuidora eram submetidos à revista diária rigorosa, sendo obrigados a ficar somente com roupas íntimas para a inspeção. Para o Regional, essa conduta da empresa feriu o direito à intimidade e à honra do empregado. Além disso, considerando a gravidade da ofensa e a capacidade econômica do empregador, o TRT determinou o aumento do valor da indenização, fixado pela Vara do Trabalho de Bebedouro de R$ 3.500, para R$ 20.750 (RR – 411/2004-058-15-85.5).

u) Configura-se situação de assédio moral o constrangimento de subordinada a carinhos não solicitados e indesejados, no ambiente de trabalho, associado à cobranças públicas de regularização de situação financeira particular e dissociada da empresa. O valor da indenização por danos morais deve atender não apenas a reparação, mas também o critério pedagógico e o critério punitivo. Majoração para R$ 50.000,00 (Processo: 00967.013/00-3, de 9.6.2003).

v) O dano moral está presente quando se tem a ofensa ao patrimônio ideal do trabalhador, tais como: a honra, a liberdade, a imagem, o nome etc. Não há dúvidas de que o dano moral deve ser ressarcido. O que justifica o dano moral é o assédio moral. 2. O assédio moral é a exposição do trabalhador a situações humilhantes, repetitivas e prolongadas durante a jornada de trabalho e no exercício de suas funções. 3. O empregador, pela culpa na escolha e na fiscalização, torna-se responsável pelos atos de seus prepostos (Súmula n. 341, STF). A responsabilidade é objetiva do empregador (DOE SP, PJ, TRT 2ª. 1.8.2003).

x) Pedido indenizatório de R$ 10 milhões contra uma das maiores empresas de refrigerantes do Nordeste. De acordo com denúncia ao Ministério Público, o gerente ofereceu a empregada como "prêmio" aos vendedores que atingissem determinada cota mensal de vendas ou a clientes que adquirissem os produtos da empresa. Ele é acusado de ter queimado as nádegas da denunciante com um isqueiro. Além disso, em uma reunião, o gerente teria indagado os vendedores se mantêm relações sexuais com a funcionária, quando teria perguntado: "Você não pega essa neguinha aí, não?" O depoimento colhido por outra testemunha revela que o gerente obrigou colegas de trabalho do sexo masculino a usar saias como prenda por não terem atingido a cota de vendas. Pior: como castigo teria obrigado os vendedores que não atingiram novamente a cota a segurar um pênis de borracha. Segundo o procurador, o gerente é autor de uma série de atos que terminaram "por se converter na mais grave sucessão de transgressões à dignidade dos trabalhadores que tivemos notícia ao longo de 12 anos atuando no Ministério Público do Trabalho". Ação civil pública – Procuradoria Regional do Trabalho da 5ª Região (Bahia). Atuou neste caso o Procurador Regional do Trabalho.

z) Não há como negar que o fantasma do desemprego assusta. Ao contrário da figura indefinida e evanescente que povoa o imaginário popular, ele é real. O receio de perder o emprego deixa marcas profundas e às vezes indeléveis nos trabalhadores que sofrem o assédio moral, aqui caracterizado pela atitude patronal que, durante cerca de um ano, lembrou e exaltou aos seus empregados que a dispensa estava iminente. (* DJMG 27.10.2004, p. 10).

REFERÊNCIAS BIBLIOGRÁFICAS

Augustin, Sérgio. *Dano moral*, Temas atuais. Caxias do Sul, RS, Editora Plenum, 2010.

Barreto, Margarida; Berenchtein Netto, Nilson; Pereira, Lourival Batista. *Do Assédio moral à Morte de si.* Significados Sociais do Suicídio no Trabalho. São Paulo, Gráfica e Editora Matsunaga, São Paulo, 2011.

Biavaschi, Magda Barros. *O Direito do Trabalho no Brasil 1930-1942.* A construção do sujeito de direitos trabalhistas. São Paulo, Editora LTr e JUTRA – Associação Luso-Brasileira de Juristas do trabalho, agosto de 2007.

Castelo, Jorge Pinheiro. *A prova do dano moral trabalhista.* São Paulo, Revista do Advogado, Ano XXII, n. 66, junho de 2002, p. 53.

Conniff, Richard. *O Gorila no escritório.* Compreenda por que nos tornamos irracionais no Trabalho. Rio de Janeiro, Editora Best Seller Ltda, 2007.

Felker Reginaldo. *Dano moral, Assédio moral, Assédio sexual nas relações de trabalho.* Doutrina, Jurisprudência e Legislação. 3. ed., São Paulo, Editora LTr, junho de 2010.

Florindo, Valdir. *Dano moral e o Direito do Trabalho.* 4. ed. revista e ampliada. Capítulo Novo: A prova do Dano moral. São Paulo, Editora LTr, abril de 2002.

FLORINDO, Valdir. *Dano moral e o Direito do trabalho*. São Paulo, Editora LTr, 1995.

FREITAS, Maria Ester; HELOANI, Roberto; BARRETO, Margarida. *Assédio moral no trabalho*. Coleção Debates em Administração/CENGACE Learning. São Paulo, 2008.

GOSDAL, Thereza Cristina; SOBOLL, Lis Andrea Pereira (organizadores). *Assédio moral interpessoal e organizacional*. São Paulo, Editora LTr, abril de 2009.

HOOVER, John. *Como trabalhar para um idiota*. Aprenda a evitar conflitos com seu chefe. São Paulo, Editora Futura, 7. ed., outubro de 2006.

ISP-Brasil, *Equidade de remuneração*. Guia prático para a revalorização do trabalho das mulheres, São Paulo, 2006.

JAKUTIS, Paulo. *Manual de estudo da discriminação no trabalho*. Estudos sobre Discriminação, Assédio sexual, Assédio moral e Ações afirmativas, por meio de comparações entre o Direito do Brasil e dos Estados Unidos. São Paulo, Editora LTr, outubro de 2006.

KANAANE, Roberto. *Comportamento humano nas organizações*. O homem rumo ao século XXI, São Paulo, Editora Atlas, 2. ed., 2006.

KATCHER, Bruche L.; SNYDER, Adam. *Por que as Pessoas odeiam seus chefes?* Conheça as reclamações mais comuns e aprenda a conquistar a satisfação e o comprometimento de sua equipe. Rio de Janeiro, Editora Sextante, 2010.

KHOURY, Karim; *Liderança é uma questão de atitude*. São Paulo, Editora SENAC São Paulo, 2009.

LOBATO, Marthius Sávio Cavalcante. *O valor constitucional para a efetividade dos direitos sociais nas relações de trabalho*. São Paulo, Editora LTr, junho, 2006.

REFERÊNCIAS BIBLIOGRÁFICAS

MARTINS, Sergio Pinto. *Curso de Direito do Trabalho*. São Paulo, Editora Dialética, 4. ed., 2005.

MARQUES JR., Fernando Antonio. *Assédio moral no ambiente de trabalho*. Questões Sociojurídicas. São Paulo, Editora LTr, junho, 2009.

MUNANGA, Kabengele. "Considerações sobre o debate nacional a respeito do multiculturalismo na escola e das cotas no Ensino Superior". São Paulo, Revista Universidade e Sociedade, ANDES-SN, ano XX, n. 46, junho, 2010, p. 35.

RATTS, Alex; CIRQUEIRA, Diogo Marçal. "Mas, quem é negro no Brasil?: uma contribuição para o debate acerca das cotas raciais nas universidades brasileiras". São Paulo, Revista Universidade e Sociedade, ANDES-SN, ano XX, n. 46, junho, 2010, p. 51.

PEDUZZI, Maria Cristina Irigoyen. "Considerações sobre o princípio da dignidade da pessoa humana". São Paulo, Revista do Advogado, ano XXX, n. 110, Dezembro de 2010, p. 104.

PEREIRA, Rita Garcia. *Mobbing ou Assédio moral no trabalho*. Contributo para a sua Conceptualização. Coimbra Editora, Portugal, 2009.

SANTOS, Enoque Ribeiro. *O dano Moral na dispensa do emprego*. São Paulo, Editora LTr, junho, 2009.

SARMENTO, George. *Danos Morais*. Coordenação Edilson Mougenot Bonfim. São Paulo, Editora Saraiva – Coleção Prática do Direito, 2009.

SOUZA, Jorge Dias. *As chefias avassaladoras*. Assédio moral, o que fazer com essa prática devastadora nas empresas. São Paulo, Editora Novo Século, 2009.

SOUZA, Mauro Cesar Martins de. *Responsabilidade civil decorrente do acidente do trabalho*, Doutrina e Jurisprudência. Prefácio de Pinto, Almir Pazzianotto; Apresentação de Viana, Rui Geraldo Camargo Viana. Campinas, SP, Editora Agá Júris, 2000.

Teixeira, João Luís Vieira. *O Assédio moral no trabalho*. Conceitos, causas e efeitos, liderança versus assédio, valoração do dano e sua prevenção. São Paulo, Editora LTr, junho, 2009.

Thomé, Candy Florêncio. *O assédio moral nas relações de emprego*. São Paulo, 2. ed., Editora LTr, junho, 2009.

Venco, Selma; Barreto, Margarida. "O sentido social do suicídio no trabalho". São Paulo, Revista Espaço Acadêmico, n. 108, maio de 2010.

Zanetti, Fátima. *A problemática da fixação do valor da reparação por dano moral*. Um estudo sobre os requisitos adotados pela doutrina e jurisprudência tendo em vista a natureza e a função pedagógico-punitiva do instituto, São Paulo, Editora LTr, maio, 2009.

Zimmermann Neto, Carlos F. *Direito do Trabalho*. São Paulo, Edições Paloma, 2002.

Sites

<http://www.inacioepereira.com.br/publicacao/CartilhaAssedioMoral.pdf>.

<http://www.observatoriosocial.org.br/portal/index.php?option=content&task=view&id=837&Itemid=119>.

<http://www.assediomoral.org/spip.php?rubrique23>.

<http://www.boletimjuridico.com.br/doutrina/texto.asp?id=1795>.

REFERÊNCIAS BIBLIOGRÁFICAS

<www.ultimainstancia.uol.com.br/noticia/50632.shtml>.

<http://www.jt.com.br/editorias/2008/11/26/int-1.94.6.20081126.3.1.xml>.

<http://www.administradores.com.br/informe-se/informativo/maus-chefes-prejudicam-a-saude-dos-subordinados/11595/>

<http://pt.wikipedia.org/wiki/Organiza%C3%A7%C3%A3o_Internacional_do_Trabalho>.

<http://pt.wikipedia.org/wiki/Organiza%C3%A7%C3%A3o_Mundial_da_Sa%C3%BAde>.

<http://www.who.int/violence_injury_prevention/violence/world_report/en/summary_es.pdf>

<http://roseanepinheiro.blogspot.com.br/2009/10/primeira-decisao-sobre-assedio-moral.html>.

<http://www.robsonzanetti.com.br/v3/docs/livro_robson_zanetti_assedio_moral.pdf>.

<http://www.parana-online.com.br/noticias/index.php?op=ver&id=339003&caderno=5>.

<http://www.calvo.pro.br/>.

<http://www.24horasnews.com.br/index.php?mat=373347

<http://www.assediomoral.org.br/spip.php?article177>.

<http://www.assediomoral.org.br/spip.php?article175>.

<http://www.inacioepereira.com.br/noticias.php?id=517>.

<http://www.pge.sp.gov.br/centrodeestudos/bibliotecavirtual/instrumentos/belem.htm>.

<http://www.brasilescola.com/imprimir/7594/>.

<http://www.jusbrasil.com.br/noticias/2528400/restaurante-devera-indenizar-cozinheira-pressionada-a-fazer-aborto-ou-pedir-demissao>.

<http://revistaprotecao.net/site/content/noticias/noticia_detalhe.php?id=AJjyAn&pagina=32>.

<http://www.normaslegais.com.br/trab/1trabalhista020207.htm>.

<http://www.jurisway.org.br>.

<http://pt.wikipedia.org/wiki/suic%C%ADdio>.

<http://g1.globo.com/Noticias/Mundo/0,,AA1655411-5602,00.html>.

<http://www.culturabrasil.org/reformaeassediomoral.htm>.

<www.quimicosp.org.br>.

<http://www.fazer.com.br/layouts/abrat/default2.asp?cod_materia=2285>.

<www.assediomoral.org/spip.php?rubrique22>.

<www.inaciovacchiano.com/assediomoral/>.

<www.conjur.com.br/2006-jan-10/lei_paulista_pune_assedio_moral_servico_publico>.

CARTILHAS DISPONIBILIZADAS PARA CONSULTA ON LINE

- Assédio Moral no mundo do trabalho, editada em conjunto por WAA Advogados Associados e AIP advogados associados, disponível em: <http://www.inaciopereira.com.br/publicacao/CartilhaAssedioMoral.pdf>.
- Assédio moral e discriminação no ambiente de trabalho, editada em conjunto com ISP-Brasil, disponível em: <http://www.inaciopereira.com.br/publicacao/CartilhaAssedioMoral2.pdf>.
- Assédio sexual no mundo do trabalho, editada em conjunto por WAA Advogados Associados e AIP advogados associados, disponível em: <http://www.inaciopereira.com.br/publicacao/CartilhaAssedioSexual.pdf>.
- Manual do vocabulário jurídico. Para conhecer e saber o significado das expressões jurídicas citadas neste livro, veja em: <www.inaciopereira.com.br/vocabuláriojuridico>.

ÍNDICE

Apresentação 11
Maria Cristina Irigoyen Peduzzi
Ministra do Tribunal Superior do Trabalho

Prefácio
Marcelo Freire Gonçalves
Desembargador Federal do Trabalho 13

Introdução: O que é o assédio moral? 15

Parte I
Causas e consequências do assédio moral 19
    Assédio moral: sinônimo de humilhação 25
    Assédio moral individual 27
    Assédio moral coletivo 29
    Quem é e quais são os objetivos do assediador 35
    Atitudes comuns do assediador 43
    "Chicotes, ofensas e ameaças." O assédio moral
    visto pelo TST 45
    Consequências do assédio moral no trabalho 53

Parte II
**Assédio moral e a discriminação racial,
sexual, de gênero, de idade e de condição social** 59
    Assédio moral e a discriminação no ambiente
    de trabalho 65
    Assédio moral e discriminação racial 73
    Assédio moral e discriminação da mulher 79
    Assédio moral e discriminação por
    orientação sexual 89
    Assédio moral e discriminação por idade 93

Parte III
Assédio moral, nexo causal, provas e como prevenir 101
    Como provar o assédio moral 107
    Como prevenir o assédio moral 111

Parte IV
Aspectos jurídicos: legislação e jurisprudência dos tribunais 117
    Há proteção legal para as vítimas? 123
    O que as vítimas devem fazer? 129
    Onde o trabalhador deve buscar ajuda 131
    Assédio Moral de A a Z 133

Referências bibliográficas 145

Cartilhas disponibilizadas para consulta on line 153

Impressão e acabamento
GRÁFICA E EDITORA SANTUÁRIO
Em Sistema CTcP
Capa: Supremo 250g – Miolo: Chamois 80g
Rua Pe. Claro Monteiro, 342
Fone 012 3104-2000 / Fax 012 3104-2036
12570-000 Aparecida-SP